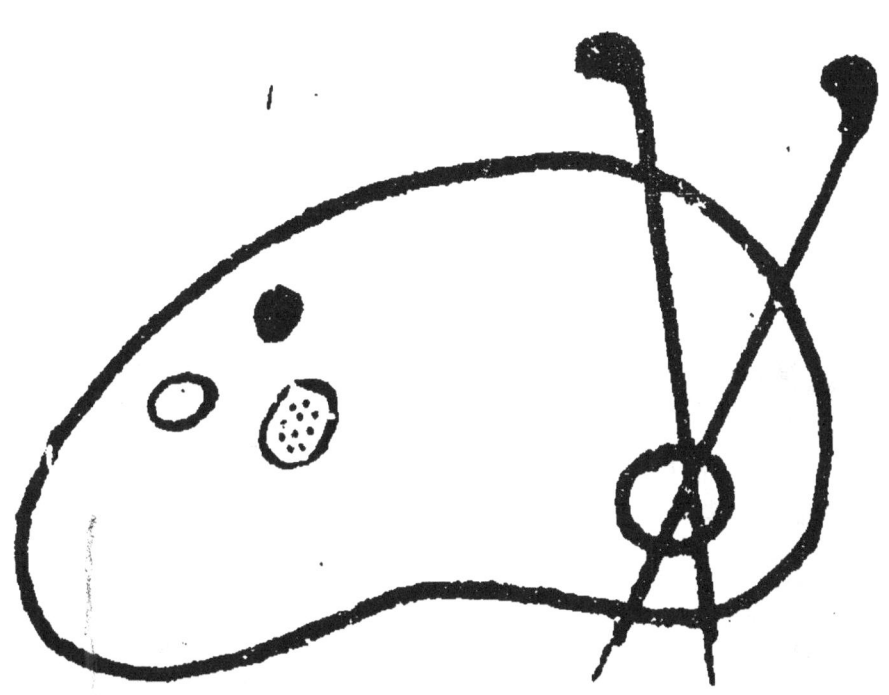

Couvertures supérieure et inférieure en couleur

ARMAND SILVESTRE

QUI LIRA RIRA

Illustrations par RIP

PARIS

8, RUE SAINT-JOSEPH, 8

—

Tous droits réservés

ET CHEZ TOUS LES LIBRAIRES

ARMAND SILVESTRE

Un beau volume in-18 jésus. Prix . . . . 3 fr. 50

Un beau volume illustré par CLÉRICE. Prix . . 3 fr. 50

LES

Un beau volume, illustré par JOB. Prix : 3 fr. 50

Un beau volume, illustré par BLASS. Prix. . . . 3 fr. 50

Un beau volume, illustré par CLÉRICE. Prix : 3 fr. 50

EMILE COLIN. — IMP. DE LAGNY

QUI LIRA RIRA

ÉMILE COLIN — IMP. DE LAGNY

ARMAND SILVESTRE

QUI LIRA
RIRA

PARIS
ERNEST KOLB, ÉDITEUR
8, RUE SAINT-JOSEPH, 8

Tous droits réservés

LES HOMMES D'ARMES

LES HOMMES D'ARMES

I

Ceci est un conte facétieux et dont ne sauraient se scandaliser les bonnes gens qui pensent, comme moi, qu'en ce mélancolique temps, un peu de gaieté est nécessaire, imitant en cela l'exemple des aïeux, et se souvenant que notre terre gauloise est l'immortelle patrie du rire aussi bien que du bon vin.

Et l'aventure se passa sous François Ier, auteur naturel d'une romance dont le texte véritable est :

> Souvent femme avarie
> Bien fol qui s'y fit !

dans la bonne ville de Blois, aux pignons de chêne sculptés tout le long de ses rues grimpantes et où se faisaient, dès ce temps, de merveilleuses andouillettes. Mais ce n'est pas de cochonneries que j'entends parler ici. C'est d'amour, ce qui n'est pas tout à fait la même chose.

Or ça, qui se trémousse ainsi dans les draps de Maître Trousselard auprès de sa femme Gilberte, avec une grande musique de baisers et de caresses ? Maître Trousselard, sans doute, seul légitime possesseur de ces charmes dodus qu'effleure une main frémissante. La morale le veut ainsi. Eh bien, la morale a tort. Celui qui tapote délicieusement ces belles chairs en point savoureux et s'use les lèvres à ce joli cou d'ivoire tiède et parfumé, c'est l'homme d'armes Rigobert, un luron et un larron — d'honneur s'entend — un irréprochable militaire qui n'a rien perdu à Pavie, ni dans aucune autre campagne. Alors, notre Trousselard est cocu ? Comme vous et moi. Laissez-moi espérer : comme vous, surtout ! Et que fait-il durant qu'on lui tourne sa diabolique coiffure de bois ? Des andouillettes, parbleu ! dans son laboratoire de charcutier. C'est bientôt carnaval et il s'en fera des orgies arrosées de ce joli vin de Bourgueil qui laisse à la bouche un goût de framboise. Andouille, mon ami ! Andouille ! on ne perd pas son temps chez toi, pendant ce temps-là. Tu n'avais encore qu'un côté de la tête coiffé. On est en train de te coiffer l'autre. Ah! dame Gilberte, que vous vous entendez bien à cette besogne! Rigobert vaincu, comme à Pavie, mais plus agréablement, fait un légitime petit somme dans la couche illégitime.

— Holà, mon doux ami, éveillez-vous! lui dit, en le baisant sur l'oreille, sa maîtresse. Mon mari va rentrer certainement.

Et de fait, on entendait, dans la rue, la voiture du charcutier qui rapportait les provisions faites.

Rigobert sauta du lit, enfila son haut-de-chausses, mit sur son dos le reste de ses vêtements et se rua vers la porte. Celle-ci s'ouvrait quand il l'atteignit, la porte de la maison, j'entends, non celle de la chambre, une porte épaisse et très verrouillée de fer au dedans. Notre homme d'armes n'eut que le temps de se blottir derrière pour laisser passer le mari sans être vu. Très subtil dans ses mouvements, il glissa comme une ombre derrière celui-ci, tandis qu'il allumait une chandelle et ce fut sur son dos, que, sans l'avoir aperçu, Trousselard repoussa l'huis vivement et en tendit les chaînes par derrière.

Rigobert était sauvé! Ah! je vous en moque. Quand il voulut fuir, il se sentit appréhendé au derrière. Tout un pli de son haut-de-chausses avait été pris dans la porte et il était prisonnier de sa culotte, ce qui est une bien ridicule situation. Il commença par tirer de toutes ses forces, espérant ainsi se dégager. Peine inutile! Les draps pour habillements militaires de ce temps-là étaient beaucoup meilleurs qu'aujourd'hui. L'étoffe tint bon. Alors il fouilla dans la poche de son pourpoint, pour y trouver un couteau. Il avait oublié d'emporter le sien. Il n'y avait plus qu'une ressource : sortir traîtreusement de cet étui de malheur et le laisser en gage, en trophée, pendu à la fente dont il était captif. Dans ce but, Rigobert tenta d'impossibles gymnastiques et sua à tremper le pavé. D'ailleurs, voyez où cela l'eût conduit ! A rentrer au régiment le séant à l'air, ce qui n'est pas d'uniforme, et un rhume par là où il est surtout malséant de tousser. Oui, mes enfants, le séant à l'air ! Car, de ses frusques personnelles, il n'avait oublié chez dame Trousselard que sa chemise.

Comment, le drôle était couché sans chemise avec sa bonne amie ! Certes, et je plains les amoureux qui n'ont jamais eu la même idée que lui.

II

Il allait faire petit jour et la situation devenait intolérable. Il neigeait des plumes de cygne à l'horizon et des plumes d'ibis délicieusement roses. Des frissons d'argent couraient, sur les toits, après les matous regagnant leurs lares; des moineaux s'escarbouillaient les ailes en haut des cheminées ; les toutous errants s'étiraient en bâillant devant les portes: une rumeur vague faisait pressentir des pas matinaux dans l'air. Etre vu ainsi par les bourgeois de la ville ! Rigobert se sentait mourir de honte à cette idée. Accroché à un huis, comme un hibou campagnard! quelle honte! Sans compter qu'un bon voisin pouvait prévenir Trousselard par la fenêtre et que Trousselard était un charcutier tragique à l'occasion.

Qu'est-ce qui sonne sur le pavé? un bruit d'éperons. C'est un soldat qui passe, attardé et que la diane appelle. Un frère d'armes, presque un ami. Celui-là, par esprit de corps et de camaraderie, n'ébruitera pas l'aventure. Psst! psst! Compagnon!

Un beau gars s'avance, qui d'abord s'esclaffe de rire à ne plus pouvoir remuer.

— L'ami! nous n'avons pas de temps à perdre, fait le captif.

Et il raconte son cas au nouveau venu qui, dextrement, tire sa rapière et le délivre, en coupant l'étoffe rebelle dont un pan reste de l'autre côté. Ainsi une grande déchirure circulaire, régulière et large, laissant à vif une énorme lune à la culotte du pauvre Rigobert. Mais cela valait mieux que de demeurer là comme un rat pris au piège ou que s'en aller sans culotte du tout.

— Ton nom, généreux camarade? fit-il avec un grand élan de reconnaissance.

— Sacripet, du régiment de Bourgogne.

— Et moi, Rigobert, du régiment de Champagne. A la vie, à la mort, Sacripet! Si jamais tu te trouves dans un pareil cas, je jure le saint nom de Dieu et celui de notre sainte Vierge que je t'en retire de la même façon.

— J'accepte ton serment, fit Sacripet, on ne sait pas ce qui peut arriver.

Et, après une vigoureuse accolade, ils se quittèrent, la diane chantant des deux côtés de la ville et le soleil étant déjà, à l'Orient, comme un feu d'artifice aux longues fusées de pourpre et d'or.

III

Le trajet ne fut pas agréable à Rigobert. D'abord, il faisait un petit vent froid qui s'engouffrait dans la lanterne ouverte et auquel il ripostait vainement par petites saccades d'air plus chaud. Et puis, les chiens faméliques qui sentaient la chair fraîche ne manquaient pas de le venir flairer avec leurs museaux mouillés, malgré un coup de pied qu'il leur lançait par derrière. Un molosse le renifla si rudement qu'il faillit tomber à la renverse. Une levrette en chasse, que suivait une meute entière, se mit de la partie, apportant avec elle tout son cortège. Le pauvre Rigobert ne savait où donner de... la tête, si vous voulez, mais de celle qu'on coiffe avec un caleçon. Il ne put se débarrasser qu'au seuil de la caserne, de cette escorte que quatre sentinelles suffirent à peine à disperser. Mais une fois réintégré dans ses fonctions militaires, une série de supplices commença pour lui.

Changer de haut-de-chausses ? Impossible. L'autre était au nettoyage. Montrer le dégât à ses chefs ? On punissait sévèrement déjà les soldats qui dégradent leurs vêtements. Il dut user de ruse en évitant de se montrer à ses supérieurs autrement que de face. Mais quel génie il lui fallut développer pour cela ! Vint l'heure du manège. Très adroitement, il parvint à se hisser sur son cheval sans avoir rien montré. Une fois en selle, il ne risquait plus rien pour quelque temps. Mais son coursier avait le trot horriblement dur, et la peau du malheureux commença de se lever en lanières douloureuses, se boursouflant ailleurs en bulles ardentes et comparables aux brûlures du feu saint Antoine. Cette partie d'équitation fut un martyre indicible pour le cavalier. Ah ! comme Trousselard était bien vengé ! Le lendemain, Rigobert dut se résigner à avouer le dégât. Il fut puni deux fois pour avoir retardé cet aveu d'un jour. C'était sa première mauvaise note. Mais, comme il arrive toujours, son capitaine le prit en grippe et lui fit la vie la plus malheureuse du monde.

Ah ! que je vous attends là pour vous révéler un illogisme de l'esprit humain que vous pourrez observer, comme moi, sur nature. Car ne croyez pas que tout soit futile dans ce récit philosophique et congru, et j'y entends mêler des observations qui me fassent, devant la postérité, la renommée d'un grand penseur et d'un éminent moraliste.

Vous croyez peut-être que c'est à lui-même que ce damné Rigobert s'en prit de tout ce qui lui arrivait de fâcheux, et à la faute qu'il avait commise de faire de cocu un charcutier qui ne lui avait rien fait ? Pas du tout. Toute sa colère et toute sa rancune se tournèrent contre son libérateur, contre cet excellent Sacripet qui lui avait si amplement tailladé la culotte. Tous ses malheurs venaient de cela et, oubliant la cause pour ne songer qu'à l'effet, le bienfait pour ne penser qu'au préjudice, il se promettait, s'il le rencontrait jamais, de le payer en belle monnaie de la peine qu'il avait prise ! Ingrat !

N'est-ce pas que c'est joliment ça, le cœur humain ?

IV

Cette rencontre devait avoir lieu dans des circonstances vraiment providentielles et ne laissant aucun doute sur l'intervention des volontés d'en haut ici-bas. Vous ai-je dit que ce louable Sacripet était un ivrogne ? Non ! Eh bien, il est encore temps. Et un bel ivrogne, ma foi, passant les nuits à boire dans les cabarets et ne les quittant, à l'aube, comme nous l'avons connu déjà, que la bourse vide et la vessie pleine. Or, ce matin-là justement, il était chargé de boisson comme une outre et roulait déplorablement sur ses jambes, obligé de s'arrêter, à tout moment, pour faire un peu d'hydraulique naturelle au coin des maisons. A cette occupation innocente, il avait déjà gagné de recevoir sur la tête une douzaine de vases de nuit épanchés des fenêtres avec des jurons affreux et des cris d'horreur. En ce benoît temps, la police ne couvrait pas les murs d'ordonnances préservatrices, mais les bourgeois veillaient eux-mêmes au respect dû à leurs immeubles, et, dès patron-minet, en embuscade à leurs croisées fleuries de houblons et de volubilis, ils guettaient les délinquants et les aspergeaient, à leur tour, de toutes leurs nocturnes économies.

Sacripet en avait assez de ces baptêmes accumulés. Une palissade en planches, séparant des maisons, lui parut un endroit infiniment plus propice à ses expansions et moins dangereux pour son chef. Deux planches étaient justement légèrement disjointes et la chose se pouvait faire le plus dignement du monde, en arrosant l'herbe qui croissait sans doute de l'autre côté. Histoire d'insinuer suffisamment la pomme de l'arrosoir. C'est ce que fit notre *aqua fortriste*, si j'ose m'exprimer ainsi. Mais voyez sa malveine! Il y avait bien du gazon derrière cette barrière, mais sur ce gazon, il y avait aussi un troupeau d'oies en libre pâturage. On sait combien ces vilaines bêtes sont voraces et se jettent sur tout ce qu'elles aperçoivent. Voilà Sacripet qui se sent happé par un bec solide, mais pas, comme Rigobert, au revers de sa personne. Prisonnier aussi! captif de ces planches misérables et n'osant remuer de peur de faire quelque malheur. Ah! situation mille fois plus critique encore et juste châtiment de l'ivrognerie!

Rigobert passait justement par là, en revenant encore de chez la belle Gilberte. Il passait, gaillard, sous le sourire caressant de l'aurore. Il chantonnait même et barytonnait mélodieusement sur le mode majeur.

Dès qu'il aperçut Sacripet toujours dans son diable d'étau, un éclair de joie féroce illumina son visage :

— Attends! Attends! Camarade! fit-il. Je vais

faire pour toi ce que tu as fait pour moi. Trop heureux de te rendre ton office.

Et il tira sa rapière dont un éclair rose mesura la longueur.

— Non! non ! non ! non! cria le malheureux Sacripet tout à fait éperdu.

— Comment non ? n'as-tu pas mon serment ?

— Je t'en tiens quitte !

— Pas moi. J'ai juré par le saint nom de Dieu et par la très sainte Vierge. Je serais maudit si j'avais juré en vain.

Et malgré les protestations désespérées de Sacripet, il l'allait délivrer comme il avait été délivré lui-même. Le fer flambait dans l'air froid du matin. L'oie gloutonne l'aperçut-elle à travers les fentes et eût-elle peur? Fut-ce sa propre émotion qui sauva Sacripet? Toujours est-il qu'il se sentit tout à coup libre, sans avoir rien sacrifié.

— Merci frère! fit-il en serrant dans ses bras Rigobert qui aurait bien voulu l'étrangler.

Et maintenant, belles lectrices, une excuse pour ce petit conte de garnison. Il est innocent s'il vous a fait seulement sourire.

L'ANTI-NOUNOU MAC ULOTH

L'ANTI-NOUNOU MAC ULOTH

I

— Et que comptez-vous faire cette après-midi, ma chère Delphine, pendant que je serai au Palais ?
— Mon cher Eliacin, ce que je fais tous les jours, quelques courses pour la maison et une visite à mon dentiste, le célèbre docteur Mac Uloth, de la Faculté d'Edimbourg.
— Ce n'est pas un reproche, ma chère amie, mais voilà bien trois mois que vous passez deux heures

par jour chez ce praticien émérite, et cela pour une imperceptible piqûre à une de vos arrière-dents. Est-ce que ce traitement durera toute votre vie ?

— Comme on voit bien, mon pauvre mari, que vous ignorez les secrets de la prothèse dentaire contemporaine ! Vous êtes encore du temps où l'on arrachait les dents ! On les soigne aujourd'hui et on les guérit, mon cher. Avouez que je serais bien sotte de laisser s'abîmer des petites quenottes comme celles-ci !

Et la jolie madame Montripet, femme du procureur Montripet, faisait luire dans la glace l'image de la double rangée de perles dont ses gencives roses étaient l'écrin.

Notre Montripet voulut profiter de l'occasion pour baiser ses jolis dents blanches comme des gouttes de lait. Mais elle le repoussa, en boudant :

— Une autre fois, lui dit-elle, quand vous n'aurez pas fait le jaloux.

L'heure de faire distribuer à ses contemporains quelques lots de prison avait sonné pour le magistrat :

— Méchante ! dit-il à sa femme.

Et il sortit, en s'enveloppant le cou d'un épais foulard, parce qu'il faisait un froid de chien.

Cinq minutes après, madame Montripet sautait dans un fiacre.

Vous vous imaginez déjà que ce n'était nullement pour aller chez son dentiste. Pourquoi juger les femmes avec cette légèreté ? Celle-là n'avait pas menti, par hasard. Elle se rendait vraiment chez le célèbre docteur Mac Uloth, et elle avait des raisons excellentes pour cela, dont la meilleure était que c'était là qu'elle attendait son amoureux.

II

Vingt-cinq ans, un peu godiche, mais joli garçon, ce que j'appelle un godelureau, dans ma classification des ouvriers en cocus. Un beau nom avec cela : authentiquement vicomte de Bellefessière ; noblesse de robe, comme l'indique le nom. Une première fois, il avait suivi la charmante Delphine quand elle se rendait chez son dentiste et il était monté derrière elle pour lui faire l'aveu de son admiration. Encouragé par un accueil qui n'avait rien eu de sévère, c'était une habitude qu'il avait prise de la rencontrer là, pour lui faire sa cour, en attendant mieux. Car il n'était pas pour l'amour à la hussarde qui a du bon cependant. Chacun de ces rendez-vous amenait un progrès sensible dans la conquête qu'il rêvait. Ainsi prenait-il un plaisir de gourmet à gagner, chaque jour, un peu de terrain. L'envahissement complet du territoire semblait prochain, bien que les frontières naturelles de madame Montripet fussent défendues par deux mamelons très en saillie, séparés par un passage muni d'artillerie, mais d'une artillerie dont l'assiégée ne semblait faire aucun usage, bien qu'on pût appeler canon de siège la pièce qu'elle avait à sa disposition.

En bon stratégiste, notre vicomte dissimulait ses mouvements offensifs. C'est ainsi qu'il avait soin de disparaître, comme un client qui s'impatiente, chaque fois que le docteur Mac Uloth entr'ouvrait la porte pour appeler la femme du procureur. Mais ce jour-là, ils étaient deux seulement dans le salon d'attente, sur le canapé, devant la table surchargée de journaux illustrés, et, ma foi, le gentilhomme s'enhardit jusqu'à poser sa bouche sur celle de son amie.

Bon! le docteur apparaît juste à ce moment et a vu le mouvement dans la glace!

Madame Montripet, qui n'était pas une sotte, eut une excellente idée.

— Mon mari, M. Montripet, fit-elle, en présentant le godelureau au dentiste. Et elle ajouta :

— Il a voulu absolument m'accompagner aujourd'hui, pour avoir l'honneur de faire votre connaissance.

— Tous mes respects, Monsieur, fit le praticien en s'inclinant. Entrez, je vous prie, avec Madame, nous n'avons pas de secrets pour vous.

Et il les fit entrer tous deux dans son officine, montrant à Madame le fauteuil et une chaise de tapisserie à Monsieur.

Ce que le vicomte prit plaisir à regarder l'admirable dentition de la patiente, durant que le docteur simulait un pansement tout au fond.

III

— Tiens! docteur! Qu'est-ce que ceci? fit-elle en se relevant et en montrant un écrin très mignon posé sur une console et contenant un ratelier en miniature, un véritable joujou, comme pour une poupée.

M. Mac Uloth répondit sur un ton solennel :

— Madame, c'est ma dernière invention : mon dentier pour le bas âge, l'appareil merveilleux que j'ai nommé Anti-Nounou et pour lequel je viens de prendre un brevet.

Et comme sa cliente et l'amoureux de celle-ci le contemplaient avec des yeux étonnés :

— Avec cet instrument, reprit-il plus emphatiquement encore, je supprime totalement cette peste des ménages qu'on appelle : la nourrice ! Cet être insatiable de sucre et de savon, qui joue si coûteusement dans les familles la comédie d'une maternité intéressée. Tant pis pour les filles-mères de Bourgogne et de Normandie ! Nous n'en aurons plus besoin à Paris où elles apportaient la détestable corruption de la vie provinciale !

Et, s'échauffant encore devant la splendeur de son idée :

— Pourquoi, continua l'éloquent Mac Uloth, faut-il des nourrices ? Parce qu'on donne aux enfants la déplorable habitude de têter, ce qui retarde de plus d'un an leur éducation, dans un temps où tout le monde devrait être bachelier à douze ans, ce qui les rend assimilables à tous les produits des mammifères de l'ordre le plus inférieur et parmi lesquels l'homme devrait le mieux éviter de choisir ses modèles. Que le veau tète ou le jeune pourceau, c'est leur affaire ! Mais que le fils libre d'un électeur et d'une citoyenne s'abaisse à cet élémentaire et naïf procédé de nutrition, non! Les enfants n'avaient tété jusqu'ici que parce que la nature leur avait refusé des dents pendant les premiers mois de leur vie. Moi, je leur en donne à leur entrée au berceau, de jolies petites dents brillantes comme des perles et aiguës comme des épingles. Tel est ce dentier mignon, que vous admiriez, Madame, tout à l'heure. Regardez de près, mon Anti-Nounou. C'est comme un objet charmant de joaillerie; il est monté sur or fin et nacré à la main. Et, comme sa petite charnière est sensible! Il se pose, comme cela, sur les gencives sans en offenser le velours rose, si délicat cependant dans la première enfance! Le bébé en éprouve-t-il la moindre fatigue, la nuit? vous le laissez tomber, comme cela, au fond d'un verre d'eau où sa fraîcheur s'entretient.

Et, joignant la démonstration au prospectus parlé, M. Mac Uloth précipita le petit ratelier dans un verre.

A ce moment, la porte de son cabinet s'ouvrit avec fracas. Un homme y bondit, tenant sa joue enveloppée dans un mouchoir et en geignant comme un misérable.

Madame Montripet, avant que son mari eût pu l'apercevoir — car c'était lui — s'était sauvée vivement par l'autre porte, suivie du docteur, qui, ne comprenant rien à cette brusque irruption, était pris d'une peur abominable.

Seul, le pauvre vicomte n'avait pu opérer sa retraite et se trouvait face à face avec cet étrange nouveau venu.

Celui-ci découvrit enfin sa face, poussa un cri de

douleur, se laissa choir sur le fauteuil à opérations et, ouvrant une bouche démesurée, fit signe au gentilhomme, qu'il prenait tout naturellement pour le dentiste, qu'il avait une dent mauvaise à faire arracher sans perdre un seul instant, sa souffrance devenant intolérable.

IV

M. de Bellefessière était un garçon de résolution. Il comprit immédiatement qu'il n'avait qu'un moyen de sauver la situation, c'était de soutenir le rôle que lui donnait le hasard. L'honneur de la femme qu'il aimait avant tout! Sans barguigner, il saisit une énorme clef, de celles qu'on appelle *davier*, dans le dictionnaire des tortures, plongea dans la bouche du procureur, tortilla l'outil au hasard et le retira avec une superbe molaire au bout, cueillie n'importe où, dans la mâchoire.

— Aïe! aïe! aïe! hurla le magistrat. Et fou de douleur il se précipita sur le premier verre d'eau venu, celui précisément qui venait de recevoir l'Anti-Nounou, et l'avala d'un seul trait.

Puis s'apercevant de l'erreur commise par le dentiste il entra dans une colère épouvantable, le traita de drôle et de polisson, lui cracha du sang au visage et finalement lui allongea un énorme coup de poing en pleine figure.

Le vicomte, qui n'était pas habitué à ces façons, perdit patience à son tour, et riposta par un fort coup de pied dans le derrière de Montripet, qui se sauva comme un possédé, en jurant qu'il porterait plainte, et que cette maladresse coûterait cher à son auteur.

— Si j'avais su, pensa le malheureux vicomte, que ce M. Mac Uloth était le dentiste de Sainte-Anne, du diable si j'aurais mis les pieds chez lui! Enfin, cette charmante madame Montripet a pu s'échapper pendant ce temps-là, et c'était l'essentiel dans cette dramatique aventure.

Sur cette consolante pensée, M. de Bellefessière disparut, sans prendre congé du maître de la maison.

V

— Eh bien, madame, je vous fais compliment sur votre dentiste!

C'est par ces mots ironiques et furieux que madame Montripet fut accueillie à son retour par son mari enmitouflé désespérément, dans trois ou quatre foulards.

— Mon Dieu, mon ami, que vous est-il arrivé? demanda Delphine sur le ton du plus parfait étonnement.

— Ce qui m'est arrivé, mordieu! Pris par une rage de dents intolérable pendant l'audience j'ai dépouillé ma robe et couru chez votre docteur Mac Uloth dont vous vous faites un Dieu! Le misérable m'a arraché la seule bonne dent qui me restât, et comme je lui témoignais mon indignation, il m'a frappé en plein séant, du bout de sa botte. Mais j'ai déposé immédiatement plainte, et le drôle doit être arrêté déjà à l'heure qu'il est, sous prévention de tentative d'homicide et de coups ayant occasionné une longue incapacité de travail.

Et le pauvre procureur ajouta avec un ton de réelle inquiétude :

— Je ne sais pas comment a porté le coup qu'il m'a donné ; mais, quand j'ai voulu, tout à l'heure, à deux reprises, donner cours à l'émotion d'entrailles que cet événement avait soulevée en moi, tous mes efforts ont été vains. Mon humeur expansive se heurtait douloureusement à quelque obstacle mystérieux. M'avait-il fait avaler sa botte par là ?

Et le pensif Montripet enfouissait mélancoliquement sa tête entre ses deux mains.

— Il faut envoyer chercher un médecin au plus vite, lui dit sa femme avec une sollicitude pleine de tendresse.

Un péril échappé nous rend naturellement bon et affectueux.

On fut quérir le médecin de la famille, le vénérable docteur Malitourne.

Le procureur lui conta l'aventure et lui soumit le corps du délit.

Mais à peine eut-il jeté un regard investigateur sur la partie endommagée, que le bon Malitourne poussa un formidable : Ah ! mon Dieu !

L'Anti-Nounou, arrivé au terme de sa course abdominale, lui riait au nez avec ses petites quenottes blanches.

— Ah? mon Dieu, répéta le pauvre docteur. Et c'est un dentiste qui vous a donné là un coup de pied?

Le célèbre Mac Uloth en personne.

— Eh bien! mon cher, voici le cas le plus extraordinaire de contagion que j'ai constaté dans ma longue carrière. Là où il a touché, il vous est poussé des dents!

JACK

JACK

I

Comment le Hasard fournit, à point nommé, un amant à une charmante femme qui en avait bigrement besoin, c'est une histoire trop à l'honneur de ce Dieu bizarre, — le seul peut-être — pour que je ne la conte pas ici, ne fût-ce que dans le but de me mettre, à mon tour, bien avec lui. Le Hasard avait déjà pour fervents les joueurs, qui n'hésitent pas à immoler leur bourse au pied de ses autels, sacrifice qui, pour être moins radical que celui d'Abélard, n'en a pas moins son mérite. Voici maintenant que les amoureux vont se mettre à l'adorer.

Au fait, Madame, c'est lui, sans doute, qui m'est apparu sous la pâleur divine de votre teint de brune et la nuit constellée d'étoiles bleues de votre chevelure, avec votre beau sourire moqueur sur les lèvres et vos regards subtils comme les parfums d'une violette de Parme double. Eh bien! je proclame alors que c'est le plus joli des Dieux et l'unique à qui je veuille réserver les fumées du tabac oriental qui me sert d'encens, dans la vie familière.

Ma foi, personne ne vous ressemblait davantage que la pauvre madame Cassimêlé, l'héroïne de ce récit. Elle avait, comme vous, de petites mains délicieusement veinées d'azur et de mignons pieds d'une aristocratie souveraine, beautés extrêmes dont les délicats sont friands, sans mépriser, pour cela, l'opulente fermeté de tout ce qui les sépare. Mais où cette dame Cassimêlé, que nous appellerons familièrement Renée, était moins heureuse que vous, c'est qu'elle avait, non pas un amant, mais un authentique mari infiniment plus désagréable et grigou que moi-même. C'était une façon d'inventeur qui n'avait jamais rien inventé, mais qui, néanmoins, faisait un certain fracas par son goût de l'intrigue, mouche bruyante du coche social, un inutile et un dangereux, de plus le moins galant du monde dans son ménage et négligeant l'adorable personne que j'ai dite pour courir à ses stupides affaires.

Moins complètement abandonnée qu'Ariadne,

Renée avait dans la vie une consolation : Son Jack. Qui ça, Jack? Un enfant? Non, un simple singe qu'un ami d'enfance lui avait rapporté des îles africaines, et qui méritait absolument la tendresse passionnée dont il était l'objet de la part de sa maîtresse. Jack n'était pas, en effet, un de ces macaques déplaisants qui font claquer leurs dents comme des castagnettes, et pilent leur siège avec une fureur épileptique. Si on pouvait l'appeler très justement *personna grata*, ce n'était pas parce qu'il se farfouillait perpétuellement le poil des aisselles pour en manger ensuite cyniquement la vermine. C'était un babouin aimable, aux joues légèrement azurées seulement, comme celles des comédiens qui se rasent de trop près et dont la profession n'a pas que ce rapport avec celle des inconscients artistes qui se nourrissent de noix de coco. On eût dit de sa belle tête chevelue un manchon vivant où rêvaient deux petits yeux noirs d'une touchante mélancolie. Affectueux, avec cela, presque tendre, avec de belles tristesses d'exilé dans l'abandon désespéré des caresses. Un singe-poète, quoi ! Il y a des poètes partout, même à l'Académie, où ils sont cependant plus rares que partout ailleurs.

II

Comment Jack, que sa maîtresse ne quittait jamais d'un instant cependant, parvint-il à s'échapper? Quelle ingratitude soudaine l'avait poussé à cet acte indélicat? Le fait est qu'un beau matin d'avril, par une fenêtre imprudemment ouverte aux senteurs grisantes des lilas, Jack, pris, sans doute d'une saoulerie de liberté dans les branches d'un vert tendre encore et sous le ciel d'un azur adorablement fin, ficha un camp qui ne pouvait passer pour celui d'un autre. Ah! ma chère, quel désespoir! La charmante Renée se voulait couper les cheveux, comme les femmes Souliotes, et c'est un écrin tout entier, un écrin de larmes adorables, brillantes comme des diamants, qui s'éparpillait sur ses joues, tandis que les sanglots faisaient douloureusement bondir sa belle gorge trop serrée dans son corsage.

Et puis, comme une folle, elle s'en fut courant le voisinage, s'arrêtant aux squares dont les marronniers avaient pu tenter le fugitif, interrogeant les hauts feuillages, fouillant du bout de son ombrelle les massifs et appelant : Jack! Jack! d'une voix si tendrement inquiète que les passants eux-mêmes en étaient attendris.

Au jardin du Luxembourg, un jeune homme l'aborda et lui demanda, avec une rougeur de plaisir au visage, la cause de sa peine. Elle la lui conta naïvement :

— On voit bien, Madame, lui dit le godelureau, que vous ignorez la puissance de la presse. Elle ne se contente pas de conseiller les gouvernements, de livrer les coupables à la magistrature. Mais elle retrouve à l'occasion, les objets perdus. Je suis un peu de cette institution tutélaire et me mets tout à votre service.

— Que faut-il faire pour ravoir Jack?

— Oh! tout simplement mettre à la quatrième page de quelques journaux importants ce court avis :

« SINGE PERDU, LE RAPPORTER 106, RUE BOULTIBONNE, MADAME CASSIMÊLÉ, CENT FRANCS DE RÉCOMPENSE. »

— Quoi, ces messieurs auraient la bonté de cesser, un instant, de conseiller les gouvernements et de poursuivre les criminels pour s'occuper de si peu de chose ! Je ne voudrais pas compromettre cependant la sécurité publique.
— N'ayez peur, madame. J'en fais mon affaire. On vous épargnera même l'humiliation du service gratuitement rendu. C'est une concession de la presse au souci de la dignité humaine. Cela vous coûtera tant la ligne, selon le journal.
— Monsieur, courons ensemble chez ces généreux auxiliaires !
Madame Cassimêlé avait sa voiture où le jeune homme monta timidement auprès d'elle. Alors vous croyez que c'est l'amant que je vous avais promis ? Allons donc, impatiente créature ! Nous n'en sommes qu'au hors-d'œuvre et je vous garde l'amant, comme on dit, pour la bonne bouche. Ça vous fait rire, personne légère ? Avec ça que je n'ai pas raison !

III

Il y avait trois jours déjà que dix feuilles publiques proclamaient, aux masses avides de lumière, cette vérité profonde : « SINGE PERDU, LE RAPPORTER, 106, RUE BOULTIBONNE, MADAME CASSIMÊLÉ, CENT FRANCS DE RÉCOMPENSE. » Qu'on nie donc maintenant que le journalisme soit l'école du peuple ! Trois jours pleins quand, à la tombée de la nuit, Renée toujours inconsolable, reçut une lettre portant sur l'enveloppe, la mention : *pressée.* Fiévreusement elle l'ouvrit et y lut, sous cet entête placé à gauche : *Cabinet du docteur Pécouli, 69, passage de l'Espérance,* les lignes suivantes : « Madame, j'ai depuis quarante-huit heures votre sale gorille chez moi. Il a déjà cassé deux pendules, ma garniture de toilette, et fait environ pour six cents francs de dégâts. J'ai le regret de vous prévenir que si je n'en suis pas débarrassé ce soir même avant dix heures, je me mets à le disséquer sournoisement et à étudier, sur son crâne mis à nu par le scalpel, la bosse de la destruction. J'ai bien l'honneur de vous saluer. — Docteur Pécouli, D^r M^r.

— Victoire ! Victoire ! mon schall ! mon chapeau ! Ah ! mon Dieu ! mon Dieu !

Et la belle madame Cassimêlé, haletante d'impatience, à peine attiffée, sautait dans un fiacre.

— 69, passage de l'Espérance ! avait-elle crié au cocher, en lui promettant une double course. Celui-ci donna, en effet, à son cheval, une double raclée de coups de fouet.

— Le docteur Pécouli?

— Au troisième, à gauche.

Le concierge n'avait pas fini la phrase que Renée avait déjà sonné. Elle attendit un instant, dans un petit salon où elle se trouvait seule, puis fut introduite. — Ce n'est pas pour une maladie, avait-elle dit au domestique. Mais celui-ci avait eu l'air de penser : « Nous la connaissons ! » Et dix minutes mortelles s'étaient passées avant qu'elle fût reçue.

— C'est vous le docteur Pécouli.

— Oui, madame.

— Voici la lettre que vous m'avez écrite.

Le docteur regarda à peine la lettre ouverte qu'elle lui tendait, Puis, frappant du pied, il se mit à faire péter les noms de Dieu d'une façon extraordinaire, jurant comme un païen, sacrant comme un renégat, et répétant, les poings furieusement crispées : Mais ça ne finira donc jamais!

La pauvre madame Cassimêlé était à moitié morte de terreur.

— Je vous demande pardon, madame, fit le praticien sur un ton plus calme. Mais vous êtes bien la centième personne depuis un an qui m'arrivez avec une lettre pareille. C'est un sacré fumiste qui les confectionne, les signe impudemment de mon nom ; et les expédie aussitôt qu'un chat, un chien, un perroquet ou un singe, perdus, sont signalés par la voix des journaux. Si cette odieuse plaisanterie continue, je devrai fermer ma porte et renoncer à l'exercice du Codex. Ah ! l'animal ! Avec ça que les dames qui adorent leurs animaux sont généralement jolies et jeunes ! Ce que le drôle m'a envoyé de sempiterneuses édentées, de vieilles toupies...

— Monsieur ! fit madame Cassimêlé sur un ton de dignité offensée.

Alors, seulement, la fureur ne lui ayant même pas permis jusque-là de jeter les yeux sur elle, il la regarda. Un sourire confus lui mit aux lèvres une grimace aimable :

— Madame, il y a exception aujourd'hui.

— Vous êtes vraiment trop aimable. Alors ce n'est pas vous qui avez mon Jack ? Eh bien alors, monsieur, adieu et pardon.

— Pas encore, je vous en prie.

Et très galamment le docteur la supplia de se reposer un instant. Brisée par l'émotion, elle y consentit, et se laissa tomber désespérément sur un fauteuil.

— Et personne ne pourrait vous remplacer ce singe ? lui demanda-t-il affectueusement.

— Personne !

— Pas même moi ?

Elle le regarda avec étonnement et ne lui répondit pas.

— Madame, reprit avec un feu extraordinaire le pétulant Pécouli, si je retrouvais votre singe, quelle serait ma récompense ?

— Mais, vous le savez : cent francs.

— Rien de plus que cet argent ?

A son tour, elle le contempla avec soin et l'inspection fut tout à fait favorable au docteur, qui était un joli garçon.

— Je ne sais pas, finit-elle par dire très lentement. Mais retrouvez-le d'abord.

Et elle sortit, laissant prendre sa jolie main gantée à Pécouli qui y but dans un baiser vague, une délicieuse odeur de verveine.

IV

Ce Pécouli n'était pas un sot. Une heure après il était chez le concierge de madame Cassimêlé et lui tenait ce langage : « Si quelqu'un apporte ici le singe de votre locataire, apportez-le moi immédiatement, à moi-même, sans lui faire aucun mal. »

Et, comme le concierge était incorruptible, il lui donna deux louis, tandis qu'un portier, même délicat, se fût contenté d'un seul.

L'idée était excellente. Le lendemain, en effet, deux malingreux amenaient rue Boultibonne le malheureux Jack mort de froid et de faim, mouillé comme un caniche, et qui s'était laissé tomber de fatigue de l'arbre où il avait élu domicile. Les drôles bien entendu, réclamèrent leur cent francs que le docteur, chez qui ils furent conduits, leur donna tout de suite.

Puis, au lieu de disséquer Jack comme le faussaire en avait menacé sa maîtresse, il commença de le réconforter par de succulentes nourritures, le débarbouilla à l'eau tiède et lui passa le poil au petit fer, lui parfuma vaguement les babouines et lui lissa la queue avec un soupçon de brillantine. Après quoi, il lui fit acheter à la « Belle Jardinière » un joli petit paletot fourré pour le premier âge et qu'il ajusta lui-même sur les épaules un peu grêles de l'animal. Celui-ci, plein de reconnaissances vagues, lui mordillait le nez, sans lui faire de mal et lui passait ses paumes froides sur le haut du visage, et c'était un spectacle vraiment touchant la reconnaissance de l'enfant par son père, un retour solennel de l'affection humaine à ses origines, un bel exemple du lien éternel qui unit les postérités aux aïeux. La grande ombre de Darwin dut sourire à ce spectacle, pressenti par son génie, de la réconciliation des ancêtres avec leur race dégénérée.

Quand la toilette de Jack fut achevée seulement, le docteur pensa à la sienne. Il la fit fort avantageuse à son genre de beauté qu'il connaissait mieux que personne. Un magnifique bouquet de roses sous un bras, Jack emmitouflé comme un boyard sous l'autre, il sonna, comme il put, à la porte de madame Cassimêlé.

Madame était justement seule, depuis le matin, son déplaisant mari courant les ministères pour en obtenir quelque chose.

La pauvre femme faillit s'évanouir de joie en retrouvant son babouin, et, sans l'arracher tout de suite de dessous le paletot du docteur, couvrit la tête velue du petit animal d'un torrent de larmes et de baisers. Le docteur, pendant ce temps, respirait la nuque parfumée de la jeune femme et éprouvait, par tout le corps, une excessive émotion.

— Comment vous remercier, docteur ?

A ces mots que lui disait une voix pleine de gratitude et d'affection, il ne répondit rien. Mais madame Cassimêlé, non plus, n'était pas une bête. Il ne fut pas question des cent francs et le docteur se retira se trouvant bien récompensé. D'autant qu'il ne sera pas obligé de rapporter chaque fois un singe pour toucher la même prime...

Quand M. Cassimêlé rentra chez lui, harassé, le soir, il avait l'air néanmoins satisfait de sa journée.

— Je crois, dit-il à sa femme, qu'enfin un bon vent me pousse.

Elle aurait pu lui répondre :

— Mon ami, ce n'est pas un bon vent.

L'ACCENT GRAVE

L'ACCENT GRAVE

I

Il était Alsacien, un Alsacien Français, s'entend — nous ne parlerons plus des autres, — un de ceux qui sont demeurés fidèles de cœur à la mère-patrie et qui ont fui le sol meurti par les lourdes bottes de l'étranger. Grand, blond, d'une blancheur de peau remarquable, il réalisait le type mi-germain, mi-gaulois, où la gaieté s'unit à la vigueur, avec des myosotis dans les yeux et une belle fleur rouge de vin bourguignon sur les lèvres. Au demeurant, un gas suberbe, naïf et doux, et, de plus, un excellent élève apothicaire, ce qui ne gâte vraiment rien. A l'accent près, un être irréprochable. Mais quel accent ! Substituant l'F au V, le P au B avec une obstination alphabétique à toute épreuve. Et le C au G, donc ! Il n'y aurait pas manqué pour un empire ! Mais on ne l'en raillait pas, dans la vie ordinaire, tant l'estime et l'affection étaient grandes autour de ce brave garçon. Son patron, en particulier, le traitait comme un fils, et ce n'était pas non plus un pharmacien banal, que M. Fleurderoz, un vulgaire pileur d'onguents et rouleur de pilules. C'était un chimiste distingué, un véritable savant, un inventeur précieux. C'est ainsi qu'il avait imaginé une machine pour retirer le vent des haricots et les rendre absolument inoffensifs dans les ménages. Par un traitement qui ne demandait pas moins d'une heure par chaque sujet, cette cartouche végétale était rendue moins bruyante encore que celle de nos fusils Lebel. On pouvait la laisser entre les mains des enfants, même en bas âge, sans craindre aucune explosion. Cette découverte avait valu à son auteur la croix du Mérite pacifique, une décoration nouvelle, que les pharmaciens se délivrent entre eux.

A l'importance de ses travaux, M. Fleurderoz devait de n'être pas un de ces simples boutiquiers qui débitent deux sous de cérat à la clientèle. Il avait sa maison de campagne dans les environs de Paris, avec un laboratoire annexé comme à Sèvres, et c'est là que son élève bien-aimé, Mathieu Kleinarch, que je vous ai présenté tout à l'heure, l'aidait dans ses décortications au point de vue de la sonorité des farineux.

Eh bien ! moi, je ne voudrais pas que cette invention sublime fût appliquée dans les campagnes. Les pauvres gens y ont de si rares occasions de rire ! Le flageolet nocturne y charmait la mélancolie des intérieurs pauvres. Aux jours de fête, le soissonnais robuste exhalait sa chanson bruyante dans les draps tout parfumés de lessive neuve et cela ne faisait de mal à personne, n'est-ce pas ?

II

Cet éminent Fleurderoz, ce moralisateur des déjections bruyantes, ce Fulbert du haricot devenu, par lui, comparable aux muets du sérail, avait une femme et une fille. Sa femme, non plus, n'était pas une sotte ; elle avait le goût des langues. J'entends qu'elle en parlait plusieurs, sans compter celles qu'elle ne parlait pas. Le mal qu'elle se donnait pour corriger l'accent diabolique de Mathieu ! Mais va te faire fiche ! Celui-ci ne perdait rien de sa saveur teutonne. La brave dame en était à souhaiter que le pauvre garçon apprît le volapuck, voire le javanais, quelque idiome enfin moins exigeant sur la pureté de l'émission et des intonations.

Eh ! mon Dieu, si elle avait su combien l'élève apothicaire plaisait, même avec ce défaut, à sa fille, à elle, la charmante Jeanne, elle ne se fût pas donné tant de peine pour rendre ce soupirant encore plus dangereux.

Je vous ai fait grâce de la description des attraits mûrs de madame Fleurderoz. Je serai moins généreux en parlant de sa fille. Quel adorable portrait on eût pu faire, en effet, de mademoiselle Jeanne ! Grassouillette, rondelette, toute meurtrie de fossettes s'ouvrant circonflexes, dans la blancheur laiteuse des tissus, comme un vol d'hirondelles ; une moisson de blé doré sur la tête, un jardin de lis et de roses sur les joues, deux gouttes du ciel matinal dans les yeux, de ce bleu mouillé qu'ont les ciels d'été à l'aurore. Je ne vous ai parlé encore que de son visage. Mais celui-ci ne faisait que couronner un édifice aux proportions exquises, assis sur de solides fondations, un bouquet monumental de rondeurs harmonieuses, un beau palais de féerie amoureuse posé sur des colonnes d'un marbre éblouissant.

Et vous auriez voulu que Mathieu Kleinarch demeurât indifférent à cet ensemble de merveilles ? Il n'en avait garde, et, c'était entre la jeune fille, récemment sortie du couvent, où ses compagnes la pleuraient encore, et lui, un échange de coups d'œil sournois, de billets furtifs, de sourires mystérieux où s'affirmait, sans aucun doute, une tendresse innocente encore mais déjà partagée.

M. Fleurderoz, non plus que sa femme, n'y voyait rien : celui-ci, tout à ses travaux d'épuration harmonique ; celle-là absorbée dans les syntaxes, lesquelles sont cependant quelque chose de bien moins plaisant que l'Amour.

III

Les soirées se passaient en causeries aimables. On se quittait vers dix heures. Jeanne remontait dans sa chambre, au premier. M. et madame Fleurderoz regagnaient leur appartement au même étage. Mathieu demeurait le dernier, sous le prétexte de donner quelques soins de propreté encore au laboratoire. En vérité, il tenait à remonter plus tard que les autres et seulement quand ses patrons seraient endormis, pour cueillir, en regagnant son second, un baiser, un seul, sur les lèvres de Jeanne, baiser que celle-ci lui tendait au passage, pieds nus et en chemise seulement, mais cela sans que la pudeur eût à en souffrir, nos amoureux n'échangeant cette caresse que dans une complète obscurité. C'était le bonsoir clandestin qu'ils se donnaient le plus régulièrement du monde et je n'en sais pas de plus charmant.

Or, ce soir-là, tout en faisant ses rangements dans l'officine, Mathieu y avait découvert une excellente bouteille de vieux kirsch, et, ma foi, vous savez combien cette liqueur est aimée des enfants de l'antique Strasbourg. Miraculeusement sobre à l'ordinaire, l'imprudent matassin (n'hésitons pas à le flétrir par un vocable grotesque) avait successivement ingurgité deux ou trois petits verres de cette savoureuse essence de cerises sauvages. Il avait éprouvé, de ce traitement, une légère chaleur dans le thorax d'abord, puis une excessive gaieté dans l'esprit. Comment se trouvait là cette bouteille? Par une erreur. C'est de l'anisette que M. Fleurderoz avait demandée à son fournisseur, la vertu de celle-ci pour expulser les souffles intérieurs de leur enveloppe naturelle étant depuis longtemps proclamée, ce qui avait donné à l'éminent pharmacien l'idée d'en donner des petits lavements à ses pensionnaires végétaux.

Toujours est-il que notre Mathieu était légèrement gris quand il pensa à regagner ses lares, en touchant à l'octroi de l'amour, le joli droit que vous savez. Et, comme tous les braves gens qui sont enclins à chanter quand ils ont bu un coup de trop, il se mit à fredonner, au bas de l'escalier silencieux et obscur, le refrain à la mode :

> C'est à boire, boire, boire !
> C'est à boire ! qu'il me faut !

Seulement, ô accent maudit ! Mademoiselle Jeanne entendit distinctement:

> C'est ta poire, poire, poire !
> C'est ta poire qu'il me faut !

Très positive dans son amour-propre, la jeune fille murmura à son tour : « Ah ! C'est ma poire qu'il te faut ! Eh bien, mon gaillard, tu vas l'avoir ! » A demi voix, elle ajouta : « Dépêchez-vous de m'embrasser, j'entends papa ! « Mathieu se rua aux délices ordinaires, mais la vindicative créature, s'étant lestement retournée et troussée, lui avait tendu autre chose que son visage. « La voilà, ma poire ! » avait-elle encore pensé.

Et ceci m'est le lieu d'une dissertation anatomique vraiment intéressante et en situation. On a, en France, la rage des classifications. Il y en a, par exemple, qui classent les femmes en blondes et en brunes, d'autres en grandes et petites, d'autres en bonnes et méchantes. Simples fantaisies de nomenclatures ! La façon dont je les range en deux types, moi, n'est pas, au moins, dénuée de fondement. Ces deux types sont le *maliforme* et *piriforme* suivant les contours extrêmes qu'affecte le fruit abondant, bavard et savoureux sur lequel les femmes ont coutume de s'asseoir et qui rappelle invariablement soit la pomme, soit la poire. Eve, notre commune mère, appartenait à la variété maliforme. Aucun doute à ce sujet; tout le monde sait le genre de pomme qu'elle tendit à Adam ; Vénus aussi, comme le démontre absolument la fable du jugement de Pâris. Il est probable, au contraire, que Minerve appartenait à la vérité piriforme et madame Campan aussi, d'après les portraits qui en sont restés. Moi, je tiens énergiquement pour la première, la moins allongée et la mieux ramassée dans sa rondeur charnue. J'imagine que mademoiselle Jeanne Fleurderoz se trompait, elle-même, sur sa propre essence et que c'est un échantillon puissamment maliforme qu'elle avait tendu aux lèvres de son amant.

IV

Quand ils se rencontrèrent le lendemain matin, un certain embarras régnait entre eux, bien que, dans l'ombre, l'innocent Mathieu ne se fût rendu aucun compte de ce qui s'était passé.

— Mademoiselle, dit-il le premier, ce que vous avez fait est bien mal.

— Ah! vous trouvez, monsieur le buveur ?

— Et je suis bien malheureux...

— Pardon, mon cher, vous êtes bien dégoûté et presque impertinent.

— J'y allais avec tant d'ardeur dans l'âme !...

— Alors vous vous êtes aperçu...

— Oh! oui, mademoiselle, je me suis bien aperçu que vous saviez que j'avais trop bu, à la façon dont vous avez serré les lèvres quand j'y ai mis mon baiser.

HYMÉNÉE

HYMÉNÉE

I

Ne restât-il, des grands souvenirs antiques qu'on voudrait bannir de l'éducation nouvelle, que ces deux monuments néo-grecs, la Madeleine et la Bourse, Paris n'en demeurerait pas moins la fille lointaine d'Athènes. Ces deux temples, aux colonnades majestueuses, ont gardé leurs dieux. Dans celui-ci règne la dévotion élégante qui mêle de profanes aromes de chevelures aux fumées saintes de l'encens, et promène, aux pieds de marbre de la Vénus chrétienne, la vision des plus séduisantes pécheresses du monde. Dans celui-là Plutus est adoré, comme aucun immortel ne le fut jamais, même au temps des plus ferventes mythologies. Autour d'un autel en forme de corbeille se pressent les fidèles, hurlant des cantiques, gesticulant comme des prophètes et dont le culte est si bruyant que, du dehors et de loin, on en entend les cérémonies.

De tous ces pieux serviteurs du dieu Argent, Isidore Van Peters, financier hollandais fixé à Paris, était certainement un des plus enthousiastes et des plus tumultueux. C'était un homme qui n'aimait vraiment que la finance. Il vous parlait d'une émission avec la passion qu'un amant met à parler de sa nouvelle maîtresse. Les valeurs cotées étaient ses uniques bonnes amies. Mais quel sérail et avec quelle désinvolture pachalesque il leur jetait le mouchoir! Il leur donnait des petits noms affectueux. Et avec quelle dévotion il enfouissait, dans le bureau qui lui servait de reliquaire, tous les papiers où il était parlé d'elles! Jamais lettres d'amour ne furent plus ardemment baisées. Inutile de dire que toute sa vie était absorbée par le va-et-vient des hausses et des baisses. Il ignorait absolument qu'il y eût des beaux-arts et une littérature. Aucun sybaritisme n'altérait l'austérité de cette monacale existence. Il prenait ses repas en deux temps et se couchait, éreinté, le soir, au sortir de la petite Bourse, qui lui était comme un dessert de la grande. Heureux ceux qui sont pris ainsi tout entiers, par une ardeur pareille, à quoi que ce soit. Le temps passe, pour eux, rapide, sans s'arrêter au néant des espérances et à la mélancolie des souvenirs.

De femmes, il n'était jamais question dans ses entretiens. Un jour, son ami Malitourne lui dit simplement, tout en vérifiant avec lui une obligation qui paraissait surchargée :

— J'ai une demoiselle à marier pour toi.
— Combien ?
— Cinq cent mille.
— Ça va !

Et la chose fut ainsi conclue. En allumant un cigare, une heure après seulement :

— Est-elle jolie ? fit-il.
— Charmante.
— Tant mieux. Combien ont déjà fait les mines de Métoncula aujourd'hui ?

Et la conversation reprit son tour ordinaire.

II

Une qui ne se doutait guère que son mariage se bâclait ainsi, à Paris, entre deux cotes, c'était mademoiselle Hermance Ménichon, fille du très riche cultivateur Thomas Ménichon, dont les terres constituaient tout un coin de la Brie. Non pas qu'elle ignorât que son père avait le plus vif désir de se débarrasser d'elle, en bon veuf qui veut se remarier, mais aussi parce que sa conduite, tant soit peu légère, à elle-même, avait besoin d'un éditeur responsable, comme le deviennent seuls les légitimes époux. Eh quoi ! cette exquise personne n'était donc pas sage ? A peu près seulement. Douée d'une santé admirable et d'un tempérament impérieux, elle batifolait volontiers avec les garçons de ferme, et son honoré papa avait toujours grand'peur que cela finît par quelque fâcheux engrossement.

— Je te donnerais volontiers au premier venu, disait-il à sa fille dans ses accès de mauvaise humeur.

Beaucoup de premiers venus s'étaient, il est vrai, présentés déjà ; mais la renommée d'Hermance leur avait fait peur. Il fallait trouver quelque Parisien très occupé qui n'aurait pas grand temps pour aller aux renseignements. Malitourne, qui était aussi de la famille, avait tout de suite pensé à Isidore Van Peters, qui accueillerait la dot avec joie et ne serait pas un mari gênant. Car, tout le temps que cet idolâtre de Plutus ne pensait pas à acheter ou à vendre, il le consacrait à causer téléphoniquement avec tous ses correspondants, et il n'avait pas son pareil pour faire perdre la tête aux estimables demoiselles chargées de donner les communications. Les malheureuses l'avaient pris dans une grippe considérable et se trouvaient mal rien qu'à reconnaître sa voix dans leurs entonnoirs à oreilles. Il était la terreur de l'administration tout entière. Et ce qu'il sacrait quand on le faisait attendre ! Il accusait toujours les intermédiaires de lui faire perdre cent mille francs.

Quand le père Ménichon annonça à Hermance qu'elle avait un futur officiel, celle-ci n'en fut pas autrement émue. Une heure après, elle disait au gars Antoine pour qui elle avait une prédilection :

— Crois-tu que nous allons être heureux quand je vais être mariée! Il paraît que mon mari ne sera jamais là. Tu viendras bien souvent à Paris et nous passerons de bonnes journées ensemble sans avoir à nous gêner comme ici.

— C'est tout de même bien dur, mademoiselle, avait soupiré le gars Antoine, de penser que vous allez être à un autre.

— Cornichon! lui avait-elle répondu.

Et un long baiser avait scellé leur accord formel contre l'honneur de l'innocent Van Peters qui, durant ce temps-là, chauffait un emprunt.

III

Ce qu'on est convenu d'appeler entre Français : la cour, fut sommaire. Isidore Van Peters vint faire une visite à son futur beau-père, entre deux trains, comme il est d'usage. Il jeta un coup d'œil sur les terres et s'assura, par quelques questions adroites, qu'elles étaient de bon rapport. Quant à perdre son temps à madrigaler auprès de mademoiselle Ménichon, il s'en garda comme du feu. Il ignorait absolument les délices de la petite oie, comme disaient nos pères. Il prit juste le temps de signer quelques papiers nécessaires avant de sauter dans le chemin de fer, tout étant réglé, en quelques mots, pour la date du mariage et pour les frais de la cérémonie.

Antoine vint le voir partir.

— Comment le trouves-tu? lui demanda affectueusement Hermance.

— Ah! mademoiselle, soupira le butor, s'il est aussi pressé pour tout, vous aurez douze enfants du premier coup.

— Ne dis donc pas de bêtises! Ce que nous allons être tranquilles avec celui-là!

Et l'excellente Hermance rassurait son bon ami en termes excellents.

— Il a l'air si distrait, lui dit-elle, qu'il n'y pensera peut-être seulement pas, et tu penses bien que ce n'est pas moi qui le lui demanderai.

Et longuement encore, ils s'embrassèrent derrière un joli bouquet d'arbres qui abritait la station, d'un enchevêtrement de chèvrefeuilles et de clématites en fleurs, autour desquels ronflait l'aile sonore des bourdons au corset de velours brodé d'or. Et le chaud sourire d'un soleil de printemps enveloppait leur innocente tendresse, comme dans les oaristys antiques que Théocrite a chantées. Ils se séparèrent ostensiblement pour se retrouver plus loin, dans un lieu bien autrement mystérieux et solitaire, où l'heureux Antoine enterra, le plus agréablement du monde, la vie de garçon de sa bonne amie. Il y a des personnes qui consacrent cette solennité par quelque bon repas arrosé de vins fins. Point ne se ruèrent-ils ainsi en indigestes victuailles; mais en folle tendresse où l'adieu qu'ils se dirent avait tout le charme d'un : au revoir!

Et durant le temps qui s'écoula jusqu'au grand jour, ils continuèrent de se dire adieu aussi quotidiennement, avec des expansions tout à fait touchantes. Le père Ménichon, maintenant, ne prenait même plus l'inutile peine de surveiller sa fille. Le seul homme qui enrageât c'était Malitourne, quand il s'aperçut que les choses allaient ainsi. Ce Malitourne avait bien l'intention que son meilleur ami Van Peters fût cocu, mais il entendait que ce fut par son propre office et il ne voulait remettre à personne le soin de son investiture. Malitourne trouvait Hermance fort à son goût et avait cru faire, en la mariant, un coup de maître à son propre profit, n'ayant pas osé en faire sa maîtresse tant qu'elle était demoiselle. Et il avait bien raison de la trouver jolie. Une superbe créature de dix-neuf ans, avec des reliefs sculpturaux, d'admirables cheveux d'un blond fauve, des yeux bleus pleins d'étoiles et des façons garçonnières tout à fait engageantes, le contraire d'une bégueule, en un mot. Son franc-parler allait parfois jusqu'à la gauloiserie.

IV

C'est le grand jour — ou plutôt la grande nuit. Dans le lit nuptial, qui fleure une exquise odeur d'iris, Hermance attend, sans impatience, l'époux qui achève, dans son cabinet, encore en habit noir, un compte de liquidation dont il est affreusement tourmenté. Il y a, en effet, de tout dans ce compte, un portefeuille complet de toutes les valeurs émises depuis dix ans, de quoi perdre la tête. Et vingt correspondants attendent le résultat de ce dépouillement.

Il faut cependant être convenable. A minuit, Monsieur se rend auprès de Madame, résolu à faire son devoir. Mais Madame fait semblant de dormir. Elle est même charmante, les paupières baissées et la bouche légèrement entr'ouverte. Nôtre Isidore Van Peters n'en est pas à ces adorations divines de la femme endormie. Il tombe de sommeil lui-même et s'endort pour de bon, sans toucher le moindre arrérage de ce qui lui est dû. Il s'est endormi pour de bon et il rêve. Il rêve à son compte interrompu, aux nouvelles qu'il envoie téléphoniquement de tous côtés. Son sommeil est le plus agité du monde, un vrai sommeil de somnambule. Il parle haut, il s'escrime. Rien ne lui réussit dans son cauchemar. Toutes les valeurs qu'il a achetées baissent, et aucune des dépêches ne part. Il est ruiné! Le suicide est sa seule ressource. Pan! un formidable coup de pistolet dans la cervelle le débarrasse de la vie...

Il se réveille. Il a distinctement entendu le coup! il croit même sentir l'odeur de la poudre.

Hermance est à côté qui pouffe de rire entre les draps. Entre deux étranglements de gaieté :

— Ma foi, mon cher, lui dit-elle, depuis une heure que, toutes les cinq minutes, vous me tapotez dans le nombril avec votre doigt, en criant : Allô ! Allô ! et que vous vous collez ensuite l'oreille à mon derrière, avouez que vous n'avez que ce que vous méritez !

FANTAISIE POLAIRE

FANTAISIE POLAIRE

I

Nous sommes, s'il vous plaît, aux confins de la Laponie, dans ces terres australes dont les neiges se teignent en rose tendre sous la caresse du soleil et que borde un amoncellement de banquises où la lumière met un microcosme d'étincelles, non loin des Saharas hibernaux dont quelques sapins d'un vert sombre et ployés sous leur faix de givre marquent les tristes oasis. Les hommes et les femmes de ce pays manquent résolument de beauté plastique, mais l'amour n'y règne pas moins que sur tout le reste du monde, mettant un éclair d'immortalité au regard de ces races déprimées qui gardent le droit de vivre puisqu'elles ont la puissance d'aimer.

De toutes les dames de la contrée, la moins laide, incontestablement, était madame Bonéné, légitime épouse d'un de ses plus considérables habitants. Elle était, il est vrai, petite comme les autres, et un peu ramassée dans sa taille, avec des cheveux d'un jaune pisseux ne rappelant, en rien, les coulées savoureuses du miel, ni la splendeur dorée des blés. Mais ses petits yeux bleus étaient traversés de flammes rapides et amusantes comme des feux follets ; sa bouche, assez grande, avait pour hôte ordinaire un avenant sourire. Enfin, inestimable trésor chez toutes les variétés féminines, elle possédait un derrière très consistant et très dur à la peau luisante à force d'être bien tendue. Elle était vraiment la Callypige de l'endroit, et je vous prie de croire que les galants ne chômaient pas autour d'une vertu assise sur un aussi confortable fondement. Elle n'écrasait pas les noisettes en s'asseyant dessus, par la bonne raison que les noisettes sont inconnues là-bas ! Mais du corps le plus dur elle vous faisait une crêpe, quelle que fût sa forme intérieure, rien qu'en y posant ce solennel presse-papier vivant.

J'ai dit, ou mieux insinué, d'ailleurs, qu'elle était vertueuse. J'entends qu'elle n'avait qu'un seul amant, Mathias Etelred, le beau dompteur de rennes, qui faisait le front des maris pareils à ceux de ses dociles coursiers. Ils avaient pour se voir toutes les commodités du monde, l'opulent Bonéné étant absent tout le jour de sa maison, pour ses affaires. Ce n'était pas là, néanmoins, que sa délicate épouse recevait le bien-aimé. Mais, chaque soir, quand le confiant mari était déjà couché, elle entr'ouvrait sa porte, sous prétexte de regarder le temps qu'il faisait dehors, et pan! Mathias qui se tenait en embuscade, lui passait un petit papier indiquant l'heure et le lieu du rendez-vous diurne pour le lendemain.

Ainsi se retrouvaient-ils, à coup sûr, dans quelque hutte abandonnée, chaude sous son épaisse toiture de frimas et, y ayant allumé un bon feu, y passaient-ils des heures très douces, la flamme mettant de rouges lumières sur l'enlacement affectueux de leur demi-nudité, les peaux dont ils étaient vêtus en entrant s'étant amoncelées en un lit moelleux sous leurs caresses adultères. Il ne faut pas croire qu'on ne goûte de pareilles ivresses que dans nos cabinets particuliers empuantis par les cigares. J'eusse mieux aimé, pour ma part, à mes amours d'antan, ce décor sauvage et rustique, enveloppé par la plainte immortelle du vent dans l'espace. Je ne dirai pas

> Où peut-on être mieux que dans sa famille?

pour faire un mari cocu. Mais on est bien partout quand on y met vraiment la ferveur de la jeunesse et la sincérité du désir.

II

Ah! pauvre Mathias! quelle sotte idée t'avait prise ce soir-là, de t'attarder à boire de l'hydromel au cabaret de l'Ours Hydropathe, un des plus renommés des environs, en compagnie de quelques viveurs inutiles n'ayant pas, comme toi, une bonne amie à tranquilliser sur les joies à venir! Te voilà un peu gris, mon garçon, et traçant, au clair de la lune, des hiéroglyphes sur le chemin où chacun de tes pas laisse une petite trace noire. Qui diable aura envie de lire ce grimoire, sinon quelque méchant esprit chassé, par ses compagnons, du chœur des farfadets qui gambadent, invisibles aux mortels, sous l'obscure clarté des étoiles? Tu n'arriveras pas à temps, à la maison de Bonéné, pour glisser aux mains de ta belle le billet quotidien qu'elle attendait, l'impatience au cœur. Elle ne peut cependant pas se relever, toute la nuit, sous prétexte de s'informer de la température extérieure. Elle attraperait quelque méchant rhume à ce métier et finirait aussi par éveiller la curiosité jalouse de son mari. Porte hermétiquement close. Plus le moindre filet de lumière indiquant qu'on veille encore au dedans. Une musique troublante se dégageant de cette masse d'ombre, celle que font les orgues naturelles de Bonéné, qui ronfle à nez que veux-tu, comme si des tempêtes s'engouffraient dans le double entonnoir qui lui sert de narines. Br, br, br, il ne fait pas chaud à faire sentinelle devant cet huis. Mathias se dit qu'il laissera le petit mot dans le trou du loquet. Sa maîtresse saura bien l'y trouver et, comme elle se lève toujours la première, il n'y a dans cette manœuvre aucun danger caché. Bon! un malheur n'arrive jamais seul! Il a oublié son crayon et son agenda sur la table de la taverne où il avait inscrit ses succès au jeu! Comment écrire maintenant? Ah! sur la neige qui forme une couche simplement légère devant le seuil. A l'aube, c'est madame Bonéné qui lira la première et qui effacera ensuite. Voilà bien le papier trouvé, mais la plume? Mathias s'écorche inutilement les mains aux buissons épineux qui forment haie d'un côté de la maison. Il a également perdu son couteau, dans sa bamboche au cabaret...

Il n'a vraiment plus rien sur lui... Rien qu'un besoin terrible, impérieux, immédiat, d'expulser les superflus de l'hydromel qui lui gonflent la vessie à l'en faire crever. Une inspiration soudaine vient à son secours. L'eau tiède, en mince filet, peut servir à dessiner sur la neige qu'elle fait fondre en y traçant des images ou des caractères? Que lui manquait-il alors? Avec les éléments naturels qu'il avait sous la main, il calligraphia, ma foi, ce petit morceau littéraire devant la porte de son amie: « *Demain, à trois heures, sous les pins d'Arminoff.* » Et obéissant à sa double coquetterie d'écrivain et d'amoureux, il signa avec un cœur visiblement traversé d'une flèche.

Après quoi, il rentra chez lui, fort satisfait de son génie et en continuant à écrire, de la même façon, à tous les tournants de la route, mais de fantaisistes lettres et qui n'avaient rien de compromettant pour personne.

III

Autre châtiment de l'intempérance! Le riche Bonéné avait mangé deux pigeons entiers à son dîner. Des pigeons voyageurs, sans doute; car il se sentit traversé par leur vol vers minuit et dut sortir de chez lui pour leur donner la volée par la petite porte de son pigeonnier naturel, dans lequel je ne vous conseille pas d'aller jamais dénicher les œufs. Cette sortie inattendue et nécessaire fit que ce fut lui et non sa femme, qui, à la clarté de la lune et non aux rayons de l'aurore, lut l'hydraulique billet laissé par Mathias devant son huis. Cet animal était affreusement jaloux. Il se recoucha, sans rien dire à son épouse; mais, longtemps avant celle-ci, il se leva, l'enferma d'un tour de clef et s'en fut trouver le juge, comme cela se fait immédiatement dans ce pays aux jurisprudences naïves. Les magistrats Lapons sont bien meilleurs enfants que les nôtres. Cela tient, sans doute, à ce qu'au lieu d'avoir simplement une petite patte de chat blanc sur l'épaule, c'est une fourrure tout entière dont ils sont enveloppés pour rendre leurs arrêts, ce qui leur donne tout à fait l'air de bons gros matous guettant les souris, et de Rominagrobis Rabelaisiens doucettement engraissés de chicane.

Pendant ce temps, l'innocent Mathias cuvait ses dernières vapeurs d'hydromel, lesquelles s'en allaient de son cerveau, en tirebouchonnaut comme des fumées de cigarettes et en faisant monter des rêves gracieux devant son esprit. L'image de madame Bonéné y passait avec d'engageants sourires, dodue, caressante, et polyfessière à l'infini.

— Pan! pan! pan! au nom de la Loi, ouvrez!

Mathias, très troublé, obéit. M. Bonéné était devant lui, accompagné du juge, si emmitouflé dans dans sa toge qu'il n'en sortait que le petit bout de son nez rouge comme un grain de sorbier, et encore d'un autre personnage si maigre, qu'on voyait à travers ses joues, la clarté jaune de la lanterne dont tous trois étaient éclairés pour cette matinale instruction.

— C'est vous qui avez donné, sur la neige, un rendez-vous à la femme de monsieur? interrogea sévèrement le magistrat, d'une voix qui semblait sortir d'un énorme bouquet de poils.

Le pauvre Mathias essaya de nier. Mais le vieux Chicanous le cloua d'un mot.

— Inutile de contester, poursuivit l'impitoyable représentant de Thémis.

Et, montrant l'inconnu diaphane qui toussotait dans la buée aurorale.

— Monsieur, fit-il, qui est notre expert juré et à qui nous avons soumis quelques-unes de vos lettres, a parfaitement reconnu votre écriture. Il a même cru pouvoir affirmer que vous vous étiez servi, comme plume, d'un fort gros bambou.

Honni soit qui mal y pense!

FÊTE GALANTE

FÊTE GALANTE

I

Dans le paysage bleu de l'Adriatique, et tendan
son pied de marbre au flot qui y venait poser ses
palmes d'argent, le superbe palais étendait sa haute
colonnade, et, sous ses dômes étagés, que le soleil
baignait d'or étincelant, les générations avaient
connu tous les souvenirs de la gloire et tous les
souvenirs de l'amour. Le dernier représentant de
l'illustre race n'avait pas déserté la tradition fami-

liale. Il avait aimé la guerre et il aimait encore le plaisir. Comme aux temps anciens, il exerçait des hospitalités magnifiques dans les grandes salles qu'avait décorées Véronèse, au son des musiques langoureuses, dans le parfum des fleurs venues de loin et mourantes sous la tiédeur de l'air sonore.

Aussi, tout ce qui restait de noblesse dans le pays où l'on en compte le plus encore, s'empressait aux fêtes de ce somptueux amphitryon, où l'on dansait après avoir dîné et dont l'inépuisable fantaisie donnait un attrait nouveau à chacune de ces aimables solennités.

C'était bal costumé, cette nuit-là, avec des orchestres bohémiens faisant gémir les cordes sous des désespérances d'exil et, tour à tour, des gaietés soudaines de l'archet, et cachés derrière d'immenses massifs de camélias qui semblaient eux-mêmes, ainsi, des fleurs musicales. Tous les déguisements étaient complétés par le loup traditionnel de velours noir, qu'on ne devait enlever que fort tard et seulement dans le tête-à-tête qui, pour chaque couple, est comme un port après ce brouhaha et cette tempête. Et très consciencieux, les invités se soumettaient à cette rigoureuse consigne, demeurant inconnus les uns aux autres. Et c'était, sous le scintillement des girandoles, un éblouissement d'épaules aussi anonymes que nues, un ruissellement de chevelures brunes et blondes également inconnues, l'éclair inoubliable de sourires, s'adressant à l'espace, comme ceux de la lumière. Et, de ce parterre vivant, montait un grand arome de décolletage, dont les sens des jeunes hommes étaient absolument grisés. Au dehors, des fenêtres éclairées, des clartés tremblantes descendaient dans l'eau et, comme des feux follets, semblaient y poursuivre la tranquille image des étoiles, zig-zags rouges acharnés après ces rayonnements d'or. Et le bruit des rames annonçait l'arrivée de nouveaux hôtes, avec un égrènement de perles que la lune changeait en gouttes d'argent.

Et personne ne pouvait se vanter de mettre un nom sur tous ces visages soigneusement voilés. Une seule était reconnue de tout le monde, la belle princesse Maffioli.

II

De quoi qu'elle l'enveloppât, en effet, comme un astre qui se voile de nuées, sa beauté resplendissait au travers, et l'*incessu patuit Dea* du poète semblait avoir été écrit pour elle. Ne montrât-elle, comme Phébé apparaissant derrière une colline, qu'un bout de son épaule, il s'en dégageait comme une splendeur de marbre antique, et la moindre mèche de ses cheveux, émergeant de sa chevelure dénouée, portait le volute du flot dont Vénus naissante fut roulée jusqu'à la grève. Certaines aristocraties d'origine sont si impérieuses chez la femme, qu'elles les marquent comme d'un sceau indélébile. Tout était noblesse native et cachet d'immortelle beauté dans cette créature mêlée au désordre vivant des types abâtardis. Telles ces filles d'Algues, dans notre Provence, qui promènent, mélancoliques et anémiées, le type pur de la beauté grecque, dans une population de pêcheurs aux mains rudes et âcrement odorantes.

Oui, rien qu'à la voir marcher sous le long vêtement sombre constellé de pierreries, qui la faisait pareille à la Nuit, tout le monde disait : C'est elle ! Et les hommages s'empressaient sur son chemin, d'autant plus que son époux était absent pour les choses de l'État, étant un homme considérable et parlant, dans les cours étrangères, au nom de son gouvernement.

Trois jeunes gens, en particulier, des plus beaux et des plus nobles, portant les plus riches costumes et dont la fière moustache se révoltait le mieux sous la dentelle, Giorgio, brun comme un fruit d'airelle ; Mateo, dont la fine barbe naissante était comme une brise d'or ; Orlando, dont le Titien eût aimé peindre les fauves couleurs, la poursuivaient d'une cour désespérée, égrenant, comme d'inutiles rosaires, les madrigaux sur son chemin et sous ses dédains polis, mais réels. Et ce leur était une escrime où ils se lassaient, chacun son tour, la belle ayant toujours quelque parade prête qui s'achevait en riposte audacieuse.

Et après avoir un instant regardé ce manège, le comte d'Ischia, dans son superbe pourpoint de satin blanc, s'en alla, en haussant les épaules imperceptiblement. C'était juste au moment où la noble dame tournait le dos aux trois galants désarmés. Ceux-ci, pleins de dépit, virent le mouvement du comte. Ils l'entourèrent pour lui demander raison de son impertinence. Mais lui, avec sa belle voix mâle d'homme mûr et encore amoureux, leur dit avec une bonhomie railleuse.

— Pauvres enfants ! Si vous me laissiez faire à votre place ?

Et, comme ils le regardaient, étonnés, il se mit lui-même à la poursuite de la princesse et commença de l'entreprendre, mais avec la prudence raffinée d'un tacticien ayant l'expérience des amoureuses batailles.

III

Avec un intérêt défiant mais soutenu, Giorgio, Mateo et Orlando suivirent les péripéties de la campagne, depuis la première escarmouche qui se fit dans un menuet, jusqu'à la reddition évidente de la place, la princesse ayant accepté le bras du comte pour aller faire un tour dans un salon perdu, presque obscur, connu des habitués seuls du palais, et où les aventures de ce genre avaient coutume de se dénouer, à la satisfaction commune des parties intéressées. Car le maître, prodigieusement prévenant, de cette demeure, y avait tout combiné pour le bien-être absolu de ses hôtes. Suivrons-nous le conquérant et sa conquête dans le nid de velours sombre, où agonisait une lampe, donnant l'exemple aux dernières pudeurs ? Ce serait nécessaire peut-être pour pouvoir affirmer, en toute sécurité, combien la victoire du comte fut complète. Et la belle occasion, d'ailleurs, de suivre les splendeurs entrevues, à cette clarté complaisante, l'ivoire des chairs fermes et polies y prenant de vivantes lueurs, et la rondeur élastique des seins se dégageant du corsage, et le bel épanouissement des hanches cambrées sur les jupes se relevant avec de sonores cassures, et l'enroulement de la lourde chevelure sur le cou renversé, et la rose pourprée des lèvres tendue à l'haleine vibrante des baisers, tout ce bel abandon d'un corps fait pour l'impérissabilité du marbre et se fondant en souplesses caressantes au souffle brûlant de l'amour. Comme, en dehors des extases qu'un tel spectacle comporte, il n'y a rien qui vaille au monde, il serait impie d'y jeter un voile pour satisfaire l'inanité des pudeurs. Rien de ce qui est vraiment beau n'est impudique. Diderot l'a fait observer très justement avant moi.

Comment cela finit-il par un coup formidable d'éventail sur les doigts, quand les étoffes somptueuses eurent été remises en place sur les belles chairs lassées, c'est ce que je ne me rappelle pas. Le fait est qu'on se quitta avec d'apparentes maussaderies que rien ne justifiait. Car le comte d'Ischia n'avait à se faire aucun reproche. Il n'était pas de ceux dont un auteur comique a dit :

> On cherche ce qu'il dit après qu'il a parlé

Il s'était exprimé dans les meilleurs termes et aucun doute n'était possible sur le sens du discours qu'il avait tenu.

— C'est aussi simple que cela, mes gentilshommes,

avait-il murmuré, légèrement gouailleur, en rejoignant le groupe des trois soupirants éconduits.

— C'est merveilleux ! fit Orlando.

— Tous mes compliments! continua Giorgio.

— C'est peut-être une chance! insinua le sceptique Mateo, et une fois par hasard, en passant.

— Vous vous trompez, monsieur, fit le comte, qui était susceptible. Je viens de me quitter mal avec la princesse et cependant, s'il me plaisait de recommencer l'expérience, je suis sûr qu'elle ne réussirait pas moins bien. Voyez plutôt.

Et l'intrépide reprit la campagne, faisant une trouée par la foule pour se rapprocher de la princesse qui, après l'avoir fort dédaigneusement reçu, parut soudainement s'humaniser. Est-ce sur l'aile de souvenirs aimables et récents encore que leurs deux âmes prirent le même vol ? Toujours est-il que leurs pas reprirent le même chemin, celui du pays du Tendre, où ils avaient voyagé déjà.

IV

Il serait indiscret d'aller nous y installer encore, à leur suite, derrière les lourdes tapisseries qui les enveloppent de leur mystère, tout en laissant filtrer le regard par leur trame et passer jusqu'à l'oreille la musique des baisers. Et cependant, ce qui semble ux superficiels toujours la même chose, n'est pas, n'est jamais, pour les raffinés en amour, la même chose. C'est une des beautés sérieuses de cette institution que tout s'y renouvelle, grâce à la fantaisie divine des caresses, lesquelles sont vraiment des fées inépuisables en invention. Qui se peut vanter d'avoir éprouvé deux fois, même avec la même femme, des impressions absolument identiques ? C'est ce qui doit nous rendre obstinés et persévérants en amour, comme ces nobles animaux qu'on occupe à la recherche des truffes et qui savent bien qu'il en reste toujours quelqu'une de superbe et d'imprévue à l'extrémité du filon. Fouillez ! Fouillez, mes compagnons. Il y a toujours à prendre quelques plaisirs que vous ne connaissez pas, surtout si la belle est avenante et bien pourvue de ces beaux reliefs, qui sont la joie immortelle du toucher.

Quoi qu'il en soit et sans insister davantage, c'est avec un petit air de triomphe parfaitement justifié, que le comte d'Ischia rejoignit le concile incrédule qui, moins bien élevé que nous, était allé tenir ses assises derrière les tentures perfides de la salle où l'Amour venait de souper une seconde fois.

— Je m'avoue vaincu, fit Mateo.

— Voilà une belle leçon, continua Orlando.

Et Giorgio, après un moment de réflexion :

— Je suis si émerveillé que, pour un peu, je vous prierais de recommencer encore.

Alors le comte d'Ischia prit un air de dignité offensée :

— Vous n'y pensez pas, monsieur, fit-il, et vous oubliez que le prince Maffioli, le mari de la princesse, est mon meilleur ami.

TOUT POUR LE MIEUX

TOUT POUR LE MIEUX

I

Un rude gars, bien découplé dans sa haute taille, crépu comme un nègre, agile comme un singe et couvrant toute la largeur du chemin des cinglées sonores de son fouet, quand il menait ses bêtes, monté lui-même sur un cheval puissant, qu'il faisait cependant hennir de douleur rien qu'en lui serrant aux flancs les genoux; maquignon de son état, et le plus renommé pour les femmes qu'il avait mises à mal entre Camelle-près-Puce (ouvrez, je vous prie, le dictionnaire des communes si vous croyez que j'invente) et les Petites-Pissettes, moins connues dans les géographies, et dont, d'ailleurs, il est question de changer le nom en celui de Saint-Bourdaloue. Il s'appelait Marius et préférait beaucoup chanter en plein air que méditer sur les ruines des Carthages abolies. Fort bien traité du destin, au demeurant, puisqu'il habitait un pays où les filles étaient certainement plus riches de beauté que de vertu ; j'entends cette beauté méridionale que j'adore entre toutes, laquelle est faite de soleil dans les yeux et de nuit dans la chevelure, tout imprégnée de lumière et portant aux lèvres comme un parfum de vendange fraîche qui fait l'haleine grisante comme du vin nouveau.

Une seule de ces créatures exquises faites pour la damnation de tout Saint-Antoine, ayant, en soi, son naturel compagnon, avait jusque-là résisté au séduisant meneur de cavales. C'était Gloriette, la femme du forgeron François, et le malheur était que nulle autre, dans les environs, n'était aussi parfaitement désirable par les attraits que j'ai dit plus haut. Ses yeux ! Deux gouttes de feu, comme sont les scintillantes étoiles. Ses cheveux ! Une onde profonde tissée de bleu comme les ailes des corbeaux. Ses lèvres ! Un nid de pourpre d'où le sourire faisait enveler de petites colombes blanches. Et si, fureteur consciencieux, nous descendons dans son corsage, puis nous remontons dans ses jupes, un ensemble de solides trésors, les savoureuses fermetés d'une chair jeune et vibrante, un poème divinement mouvementé et vraiment fait pour la langue des Dieux, comme on dit des choses dignes d'être chantées en vers harmonieux.

Mais Gloriette était une honnête femme qui ne s'en laissait pas conter, comme les autres, par les galants ; et Marius, en particulier, l'irrésistible Marius y avait perdu sa peine. Gloriette n'était vraiment occupée que de son ménage, plus habile que qui que ce fût, à emplir un bas furtif, enfoui au fond d'un tiroir, de sournoises économies. Elle n'était pas seulement avare de son corps, mais aussi de ce mignon pécule qu'elle cachait soigneusement à son mari qui l'aurait pu boire. Car François, lui, était infiniment moins économe et eût jeté volontiers l'argent par les croisées des cabarets, si sa femme lui en eût laissé dans sa poche. Lui aussi thésaurisait en cachette, et de son mieux. Mais c'était pour vider, de temps en temps, un bon verre, ou obliger quelque ami dans la détresse. Car c'était un brave homme tout à fait.

II

Aussi, un jour qu'il revenait du marché avec toute sa marchandise invendue, laquelle, mal nourrie d'avoine, broutait, avec de longues langues assoiffées, les chardons aux fleurs violettes dans les fossés, Marius n'avait-il pas hésité à s'adresser à François pour avoir cent francs dont il ne se pouvait passer davantage. Cent francs ! une somme, à la campagne. Notre François s'était récrié tout d'abord, disant que cela lui était impossible. Et puis, il avait fini par trouver la somme, que Marius avait acceptée sans scrupule, à condition de la rendre bientôt toutefois. Etait-ce le comble de la délicatesse d'emprunter ainsi au mari d'une femme à qui il faisait la cour? Non! peut-être. Son excuse est qu'il n'avait pas réussi et n'espérait même plus réussir.

Grâce à ce subside, ses affaires ayant repris un meilleur cours, il se trouva rapidement en état de rendre la somme. Mais il n'y mit aucun empressement, ce qui est la coutume invétérée des débiteurs lesquels espèrent toujours, au fond, que leur prêteur mourra subitement et, qu'avec lui, disparaîtra toute trace de leur dette. Il n'est donc pas de meilleur moyen, pour être entouré de gens vous souhaitant l'apoplexie, que de rendre service de sa bourse à ses contemporains. François faisait bien un peu grise mine à Marius, mais il plaçait une façon d'amour-propre à ne pas mettre de point sur un I que Marius avait soin de cacher dans sa poche, dès qu'il l'apercevait. Avec quelle volubilité celui-ci lui parlait immédiatement du beau temps, du phylloxera, des élections prochaines, quand il le rencontrait et qu'il était pressé de le quitter, en lui serrant chaleureusement la main, comme s'il espérait lui dire un éternel adieu ! M'est avis qu'il ne se fût acquitté jamais, sans une circonstance qui amena satisfaction complète pour tout le monde, comme vous en pourrez juger.

III

— Ah! vous voilà encore avec vos bêtises, monsieur Marius. Voulez-vous me ficher la paix!

Celle qui parlait ainsi était Gloriette, auprès de qui l'amoureux maquignon tentait un dernier effort, durant que son mari était allé acheter des fers à la ville. Il s'était bien promis pourtant de ne se plus humilier devant cette pécore! Mais voilà! Une admirable après-midi d'août, tout incendiée de lumière au dehors, avec des parfums de fleurs sauvages que le vent tiède balayait dans l'air et qui mettaient une folie dans les cerveaux. Les cigales chantaient, dans les buissons, des épithalames à des fiancés inconnus, sans doute fervemment blottis dans l'ombre des chambrettes bien closes, doucement nus sur la fraîcheur caressante des draps.

Comme Marius passait par là, madame François rentrait chez elle, ayant été chercher de l'eau à la fontaine tout simplement, la chemise largement ouverte sur sa gorge ambrée où deux fraises à peine mûres tremblottaient à chaque mouvement, troussée jusqu'au-dessus du mollet pour ne se pas mouiller les jupes, et quels mollets! ronds et éburnéens sous la blancheur du bas bien tendu. Car madame François, bien que vertueuse, était coquette. Et les bras, donc! dégagés des manches jusqu'en haut, et s'effilant délicieusemet aux poignets! Car la petitesse des mains et la finesse des attaches sont une des beautés des femmes de ce pays.

Ah! ma foi! il n'y avait pas tenu et il était entré derrière elle, résolu à madrigaler encore pour obtenir ce qu'il voulait.

— Je vous répète que je vais appeler si vous ne vous en allez pas.

— Un moment de pitié, madame Gloriette! Ce que j'ai à vous dire est honnête tout à fait.

Et, tout bas, il lui dit à l'oreille une chose qui la fit devenir toute rouge.

— Me prenez-vous pour une fille qui se vend? fit-elle avec une indignation sourde dans l'accent...

Mais elle ne le chassait plus.

Et, tout bas encore, il dit des mots, comme lorsqu'on compte mentalement, des mots qu'elle entendait seule.

— Non! non! Non! non!... Non!..... Non!

Mais ces non! qui répondaient à chacun des mots prononcés, s'accentuaient de plus en plus péniblement, avec une hésitation de plus en plus grande. Le Jupiter de Camelle-près-Puce tentait la Danaé des Petites-Pissettes, et la tentait sérieusement.

— Cent francs? murmura-t-il un peu plus haut. Cent francs, hein?

Le non! expira cette fois sur les lèvres de Gloriette, sans en sortir. Un baiser l'y fit rentrer tout à fait, et, docile subitement, sans résistance et comme charmée, Marius, l'entraîna vers le lit conjugal et y joua à Monsieur le mari, comme s'il n'avait jamais fait autre chose de sa vie. Vous voyez combien une promenade à la mairie et à l'église est inutile pour en venir là ! Il fit les choses mieux que François lui-même, bien que n'ayant pas été solennellement investi des mêmes fonctions. Gloriette elle-même sembla finir par y prendre plaisir. Son mari en eut d'être cocu pour l'argent de l'autre...

Je pourrais dire : pour le sien ! Tous les sacrements de la jaune confrérie lui furent administrés et l'extrême-onction ne fut pas le plus désagréable aux officiants. En vrai gentilhomme, le maquignon laissa sur la table la somme promise et s'en fut avec l'air d'un homme qui pense : Ça n'était pas trop cher, vraiment !

IV

Crac ! voilà qu'à la porte, il tombe en plein sur le forgeron qu'on n'attendait pas sitôt.

— Tu viens de chez nous, Marius?

— Mais, comme tu vois, François.

— Et pour quoi faire?

Marius eut un éclair de génie :

— Mais pour te rendre, répondit-il, les cent francs que tu m'as prêtés autrefois. En ton absence je viens de les remettre à ta femme.

— Je t'avais mal jugé, Marius ! j'ai cru, un instant, que tu voulais les garder.

— Par exemple !

— Ah ! pardonne ! Et embrasse-moi. Tu es le plus honnête garçon que je connaisse !

Une touchante accolade serra les deux amis l'un contre l'autre.

— Et, tu sais! merci! Ça recommencera quand tu voudras, conclut le forgeron en broyant la main du maquignon dans la sienne. Adieu!

Aussitôt qu'il fut entré :

— Où as-tu mis, femme, les cent francs que vient de te remettre Marius?

Gloriette s'attendait si peu à cette question qu'elle faillit perdre la tête, croyant que son mari savait tout.

— Ah! il t'a dit? demanda-t-elle en balbutiant.

— Et je l'ai remercié de son honnêteté.

— Alors tu trouves que j'ai bien fait?...

— De les prendre? je te crois. Fais toujours comme ça.

— Tu sais, j'ai hésité un moment; je craignais que ce ne fût pas convenable.

— Voilà dix-huit mois qu'il me les devait!

Ceci fut un trait de lumière pour madame François. Avec une singulière expression de dépit, elle alla prendre l'argent dans le coin de l'armoire où elle l'avait provisoirement caché :

— Les voilà! dit-elle.

— Entre braves gens, on s'entend toujours, n'est-ce pas, femme? dit encore François en comptant la somme.

Et, prenant dans le tas une belle pièce de cent sous :

— Tiens! Gloriette, voilà pour toi.

Et Gloriette, mélancolique, ne répondit rien. N'avait-elle pas eu cependant son compte comme tout le monde?

SUR LA TERRASSE

SUR LA TERRASSE

1

Les beaux soirs toulousains, le long du café spacieux qui contourne les allées Lafayette, sous la large tente où frissonne la tiède menace de l'autan, dans l'innombrable choc de mots se heurtant, tandis que se choquent les verres, — là les violoneux et les harpistes en plein vent, gémissant des valses, — là, de belles filles assises parmi les consommateurs et faisant passer l'éclair de leur sourire dans cette ombre vague où les premiers clignotements du gaz se mêlent aux dernières clartés blanches du jour! Je recommande, à tous ceux qui passent là-bas, cette heure de sérénité bruyante où la paresse méridionale exhale sa menteuse activité, dans un des plus riants décors qui soient au monde, avec des feuillages frissonnants au-dessus de la tête et le va-et-vient calme des promeneurs dans l'avenue que les amoureux sillonnent de chuchotements où l'on entend des baisers. J'allais oublier les fraîcheurs lointaines qui montent de la Garonne toutes chargées des mensonges éternels de ses cailloux.

Ce qui se conte là d'histoires défrayerait vingt volumes par jour. On m'a assuré que toutes n'étaient pas vraies. Tant mieux, morbleu! Je n'ai de goût que pour l'imposture où seulement se révèlent toutes les nobles qualités de l'imagination. Si j'avais aidé la vérité à sortir de son puits, c'est uniquement parce qu'elle était Femme, et, encore, eût-ce été à la condition expresse qu'elle changeât de profession, — tout en demeurant nue. Car ceux que je méprise davantage, ce sont ceux qui la fardent et lui ôtent son seul charme qui est dans l'absence de vêtements. Et puis, qui trompe-t-on ici? comme dit un mot célèbre. — Personne absolument. Est-ce que vous croyez que tous ces aimables narrateurs en plein vent sont les dupes les uns des autres? Pas du tout. C'est par une convention de simple politesse, par un échange fraternel de bons procédés qu'ils font semblant de se croire. Ce sont des augures qui ont, sur les autres, la supériorité de savoir se regarder sans rire. Bavardez donc, braves gens, et mentez ferme! Vous, au moins, ce n'est pas pour être nommés députés. Vous êtes les vrais petits-fils d'Homère. Car rien ne fut d'exact, sans doute, dans la légende de Troie, que la trahison d'Hélène, et dans le récit de l'Odyssée que la perfidie de Circé, puisqu'on ne se trompe jamais quand on montre la femme épuisant sur l'homme vaincu son fatal et despotique pouvoir. Tout ce qui restera, de l'histoire de l'humanité, c'est l'éternelle défaite de nos âmes devant le fantôme impitoyable de la Beauté.

II

Nous étions quatre ou cinq à cette table, peut-être six, je ne me souviens plus, et devant nous, dans les hauts verres, l'orgeat des romaines se veinait d'ambre, grâce à une sage coulée de rhum. C'est une boisson estivale fort appréciée à Toulouse et que je vous recommande :

— Garçon, un vespétro !

fit, à côté de nous, une voix qui faisait rouler terriblement les airs et où sonnait franchement l'écho de la Cannebière. Nous n'aimons pas fort entendre parler le Marseillais au pied du Capitole. Jalousie d'accent peut-être. Nous nous retournâmes donc vers le nouveau venu, sans grande bienveillance, et nous le regardâmes froidement s'installer à la table voisine. C'était un petit homme un peu gros, brun comme une olive, avec de petits yeux noirs et très vifs, les traits réguliers mais sans le moindre cachet d'aristocratie et qui sentaient son marchand d'huile d'une lieue. Un grand air de satisfaction de soi-même était la caractéristique de son visage, avec une certaine bonhomie toutefois et une curieuse expression de tolérance à l'endroit de ceux qui n'ont pas de sang phocéen dans les veines.

Nous reprîmes notre conversation, sans nous plus occuper de l'étranger. Marcel revenait d'Espagne et nous disait l'émouvante aventure d'un torrero à qui l'amour avait coûté, non pas la vie, mais le fond d'une admirable culotte brodée d'or fin. Toujours la même histoire! Celui-là était le plus habile du monde dans son métier et n'avait pas son pareil pour planter sa dague au cou d'une bête épuisée dont le sable de l'arène buvait depuis un quart d'heure le sang. Il était au premier rang de ces héros populaires qui ont élevé la boucherie à la dignité d'un sport, et il avait reçu de la foule enthousiaste tant d'éventails et de cigares qu'il tenait un petit débit de tabac et de maroquinerie durant la semaine.

Comme tous les toréadors qui meurent centenaires, — ce qui prouve bien le danger de leur profession, — le célèbre Monculo, — ainsi s'appelait celui-là, — s'acheminait vers un âge mûr, riche et honoré, quand la sémillante Pépita Mevès le trouva sur son chemin, brune avec ses cheveux presque bleus et une bouche pareille à la fente sanglante d'une grenade aux pépins blancs. Et dansant le fandango à damner des archevêques. Cette nouvelle Carmen avait absolument conquis ce nouvel Escamillo. Il en perdait jusqu'au goût de la cigarette et jusqu'à l'amour du chocolat. Il ne combattait plus que pour elle, — j'entends que c'est pour elle seulement et pour lui plaire qu'il achevait les veaux ayant passé l'âge de fournir des fricandeaux.

Ce jour-là il avait affaire à un lâche taureau qui ne voulait pas mourir. Sous prétexte que ses veines étaient vides, ses yeux aveuglés par le sang et son poitrail ouvert déjà en maints endroits, cette sale bête refusait le cartel final et avait, sur le terrain, une déplorable contenance. Aussi ce que la foule le huait! Monculo, lui, tout en picotant machinalement l'espace du bout de sa rapière, ne pensait qu'à sa belle Pepita Mevès qui portait des fleurs de cassis à sa mantille et qui trônait dans une loge voisine de celle de l'alcade. Pour la mieux regarder, il se retourna imprudemment, au moment où son ennemi se laissait tomber lui-même, la tête en avant, de fatigue, si bien qu'une de ses cornes s'en vint piquer le torréador à la fesse, ce qui souleva dans le public un grand cri d'indignation et d'horreur.

Nous-mêmes, nous palpitions en écoutant Marcel.

— Et vous trouvez cela terrible? fit notre voisin, l'homme au vespétro.

Et comme nous le regardions, un peu surpris de son introduction inattendue :

— Messieurs, nous dit-il avec une patriotique emphase, un toréador marseillais eût reçu la corne en plein cœur!

III

C'était au tour de Rémy à nous divertir. Il revenait de Paris et avait fait connaissance en voyage d'un explorateur qu'il venait de nous présenter.

— Mon ami, nous dit-il, mon nouvel ami a fait trois fois le tour du monde et sait de bien plus curieuses histoires que moi. Voulez-vous l'écouter à ma place?

Nous y consentîmes de grand cœur, tout en commandant chacun un petit verre de rhum pur, ce qui est encore la meilleure formule de la romaine.

C'est en Amérique que le compagnon de Rémy nous conduisit, et ce fut une série d'aperçus nouveaux et très vivants sur les mœurs yankees, tandis que, se levant plus fort, le vent d'autan mettait une musique de tempête lointaine dans la toile, au-dessus de nos têtes et que le jeu des musiciens ambulants s'énervait sur un motif désespérant du *Trouvère*.

L'abus du revolver dans le nouveau monde était l'intarissable thème d'anecdotes qu'il nous contait. Les Américains en prodiguent l'usage absolument comme si les cartouches ne coûtaient pas plus cher que les haricots, ce qui serait injuste puisqu'elles font beaucoup plus de bruit.

— A tout propos, nous disait-il, le Yankee tire son pistolet de sa poche et fait feu sans crier gare. Ainsi, j'étais un jour, ou mieux une nuit, dans mon compartiment avec mon gendre, nouvellement marié, et ma fille, à qui je faisais faire leur voyage de noces. Ces tourtereaux étaient très empressés l'un près de l'autre, et moi, ayant pitié de leur innocente tendresse, je faisais semblant de dormir. Tout cela était parfaitement innocent et légitime. Nous n'avions avec nous qu'un étranger, un naturel à grands favoris jaunes, vêtu d'un complet vert à pointillés orange, coiffé d'une casquette de coutil à mentonnière. Quelle fantaisie prit tout à coup à ce désagréable voisin? Rêvait-il et se croyait-il attaqué? Toujours est-il qu'il avait pris son revolver et faisait feu à l'aventure. Pan! pan! Deux balles avaient passé entre les jambes de ma fille, sans la blesser, heureusement, mais en écorniflant jusqu'au sang la main de mon gendre.

— Et vous trouvez cela terrible? reprit l'homme au vespétro.

Et, comme nous nous retournions pour le prier de se mêler de ses affaires :

— Messieurs, reprit-il d'un accent sans réplique, un mari marseillais aurait reçu les deux balles dans la tête.

LUCRÈCE

LUCRÈCE

I

— Je vous dis, ma mie, que j'ai un pressentiment et que votre mari rentrera plus tôt que vous ne l'attendez.

— Vous êtes fou, Jobelin! J'ai consulté les heures des trains et celles des correspondances. M. Pigelevent ne saurait être de retour ici avant demain matin.

— Lucrèce, laisse-moi partir tout de même ! j'ai peur !

Elle le regarda avec des yeux pleins de reproches :

— Méchant, dit-elle, dis plutôt que tu ne m'aimes plus !

Jobelin avait vingt-deux ans. C'est un âge auquel on a toujours sur soi une réponse à ce genre de discours. Ah ! il ne l'aimait plus ! Bien vite il lui fournit la preuve du contraire ! Deux preuves pour une, en moins de temps qu'un bon avocat n'en mettrait à faire condamner un innocent.

— Maintenant, laisse-moi partir !

Mais, elle, soupçonnant qu'il avait encore des arguments dans sa trousse naturelle :

— Non, Jobelin, vous ne partirez pas. Vous attendrez l'aurore. Au premier chant du coq...

— Vous croyez que votre mari s'annoncera par une chanson ?

— Ne plaisantez pas ! Au premier coup de l'Angelus matinal, si vous l'aimez mieux, je vous rendrai votre liberté.

Et, comme il faisait mine, tout de même, de sauter à bas du lit :

— Attends un peu, entêté !

Elle le devança, sauta sur les vêtements qu'il avait dépouillés avant de se coucher et, d'un geste plus prompt que l'éclair les précipita, par la croisée, dans le jardin.

— Habille-toi maintenant si tu veux, conclut-elle, ou bien va les chercher, pendant qu'il fait jour encore, pour que les voisins te voient tout nu dans les plates-bandes.

Jobelin se résigna. Tant d'amour finissait par endormir sa prudence. Il n'eut pas à regretter de s'être montré conciliant. La petite fête recommença de plus belle. Il trouva, dans son éloquence native et adolescente, de nouveaux arguments, des arguments de derrière les fagots. Et l'heure passa délicieuse, dans une clarté douce se changeant lentement en crépuscule, sous la caresse du soir, montant de la campagne sur l'aile des parfums sauvages et des chants lointains, mélancolique et charmant. Vous qui aimez, au temps glorieux de l'été, je vous recommande cet instant adorable du jour déclinant, dans la sérénité transparente des rideaux dont les ombres se teignent de rose, puis d'ambre; dans le calme du couchant qui raye de pourpre la muraille à travers les jalousies baissées. Les baisers y sonnent avec le désespoir exquis d'adieux sans fin et le recueillement de toutes choses avive les sursauts de l'âme vers les passionnelles délices. Comme les volubilis qui se recroquevillent au premier frisson de la nuit, les cœurs se referment sur un abîme de joies intimes et mystérieuses. Aimez en tout temps, vous qui le pouvez, mais en ce temps-là surtout qui semble fait pour la musique divine des caresses, dans le décor de neige des draps valonnés et montueux s'effondrant sur le parquet comme une avalanche. Et ce que la nudité de la femme est douce dans cette lumière mourante, qui met aux chairs de vagues coulées d'azur pâle et de carmin vivant! Essayez-en, mes compères! Vous ne maudirez pas la vie après!

II

Je crois fermement à un monde surnaturel mêlant ses impressions aux moindres événements de celui-ci. L'existence du pressentiment ne fait donc pas un pli pour moi, et je suis convaincu que Jobelin devinait juste en annonçant la rentrée inattendue de ce damné Pigelevent qu'il faisait si délicatement cocu, dans son propre lit... Je crois aussi à l'influence fatidique des noms. Une femme ne s'appelle pas impunément Lucrèce, comme madame Pigelevent. Celle-ci était certainement moins vertueuse que l'épouse de Collatin, mais elle en avait la renommée dans le pays, ce qui est absolument la même chose. Beaucoup, et des plus séduisants, avaient tenté sa vertu, mais ils en avaient été pour leurs frais. Et ils en étaient furieux, les lâches !

C'est qu'elle était adorable cette femme de trente ans, en pleine maturité de charmes, saine et abondante, comme un déjeuner au Paradis, coquette avec cela et portant, avec une crânerie méridionale, son cotillon rouge, d'un rouge vif comme un coquelicot et que les galantins reconnaissaient de loin dans les rues poudreuses du village. Et sa capeline aussi, du même ton violent, déchirant, comme un éclair, la nuit de ses cheveux sombres qui mettaient deux larges taches dessous. Et dans cette débauche de pourpre claire, sa beauté blanche rayonnait, passaient l'éclat caressant de ses yeux et le dédain charmant de son sourire. Non, vraiment, personne ne se doutait que Pigelevent fût trompé comme vous venez de le voir. Comment Jobelin avait-il dompté cette farouche? Par sa gaucherie même et parce qu'il était le seul qui ne lui ait pas fait la cour. C'est elle qui l'avait attiré dans le délicieux abîme des tendresses, Jobelin presque un enfant, avec un duvet imperceptible au menton seulement, petit et un peu rondelet, précisément de sa taille, à elle, si bien que leurs bouches n'étaient pas seulement à la mesure l'une de l'autre, comme l'a dit si délicatement Rousseau, mais encore à la même hauteur et qu'ils se pouvaient baiser sur les lèvres, debout tous deux comme les bergers des idylles, et sans que celui-ci ou celle-là eût à se baisser. Cet été vermeil et ce printemps fleuri faisaient le meilleur ménage. Jobelin apportait les fleurs et Lucrèce les fruits à ce joyeux repas d'amour. Et quels fruits! Les pêches veloutées de ses joues. les oranges pâles de son corsage, et le double melon, la cucurbitacée jumelle et savoureuse à qui les gourmets ne s'adressent qu'avec recueillement. O Pomone! cent fois plus charmante que Flore! L'admirable verger que la femme et comme il n'est pas vrai qu'Ève ait eu à chercher ailleurs que sur elle-même le fruit divin et mortel de la tentation!

Je vous dis que les pressentiments ne trompent jamais.

M. Pigelevent revient en pleine moisson de son honneur, contrairement à toutes les prévisions rassurantes de sa femme. Il met la clef dans la serrure. Lucrèce et Jobelin sont perdus. Imprudente Lucrèce et faible Jobelin ! Tiens ! un vers ! je l'ajouterai au bagage littéraire du premier académicien à venir. Ça lui fera du bien !

III

— Oh ! mon Dieu ! Et mes habits qui sont dans le jardin !

Jobelin n'eut que le temps de se faufiler dans un cabinet attenant à la chambre, durant que le mari faisait son entrée solennelle, le service des correspondances ayant justement changé ce jour-là. M. Pigelevent ne se doutait absolument de rien. Sa venue fut donc parfaitement calme et majestuse. Elle se fit tendre peu à peu et le pauvre Jobelin dut, de sa cachette, assister de l'ouïe, — sinon des yeux, — aux caresses du retour. Vainement Lucrèce protesta contre cet assaut de conjugale tendresse. Le voyage avait affamé M. Pigelevent et il dîna des reliefs du repas interrompu de Jobelin. Et quels reliefs, ceux du corps voluptueux de son épouse légitime ! Il prit même ensuite le café et le petit verre, en prosaïque bourgeois qu'il était par tempérament. Après quoi il déclara qu'il était encore resté sur son appétit. Quelle absinthe que la diligence ! Ah ! Jobelin ne s'amusait pas beaucoup pendant ce temps-là ! On ne plaint jamais que les maris dans l'adultère. C'est une faute et une injustice. C'est eux qui ont le plus clair de ses agréments. Les pauvres amants en supportent tout le poids, en faisant de leur mieux pour se croire heureux. Moi, il n'est que leur sort qui me touche, et cela sera ainsi jusqu'à ce que je me marie, ce qui, sans doute, n'arrivera jamais. Car j'ai perdu mes dents de lait depuis longtemps et la dent de sagesse m'a poussé l'année dernière.

Craignant un retour offensif de ce désobligeant spectacle, Jobelin résolut de s'en aller à n'importe quel prix. Le cabinet avait une seconde issue. Le seul embarras est qu'il était tout nu, ce qui est toujours gênant pour se promener par la ville. Mais, au fait, la garde-robe de Lucrèce n'était-elle pas là? N'avait-il pas précisément la même taille qu'elle? Ce fut comme un éclair de génie qui lui traversa le cerveau. Il décrocha le cotillon ponceau et la rouge capeline. Justement, il faisait presque nuit déjà, et il ne rencontrerait pas grand monde. Il fut travesti en un clin d'œil, très plausiblement travesti. Après quoi, en marchant sur ses chaussettes, — car il n'avait pu chausser les escarpins de Cendrillon de Lucrèce — il fila sans bruit, gagna la porte de la maison et se sauva, se disant que Lucrèce saurait bien faire disparaître sa défroque du jardin, avant que son mari y descendît.

C'était plein crépuscule au dehors, les ombres jouant dans une poussière argentée qui estompait les formes et mettait un frisson à leur contour. Le chemin était moins désert que ne l'avait espéré Jobelin. Beaucoup prenaient déjà le frais sur leur porte. Tout le monde eut vite reconnu la capeline et le cotillon de madame Pigelevent ; sa présence inusitée dans les rues à une pareille heure fut vivement commentée. On se disait que son mari était absent. Les galantins reprirent courage et les voilà qui se mirent à suivre les talons de la fausse Lucrèce, en lui murmurant des mots d'amour à l'oreille, ce qui mit à une rude épreuve la pudeur naturelle de Jobelin. Le pauvre diable se cachait de son mieux le visage de son mouchoir, hâtant le pas dans l'espoir d'essouffler tous ces soupirants. Mais je t'en moque. Le grand Thomas, qui avait plus de toupet que les autres, tenta résolument sa conquête plus bas que le cœur. Jobelin, qui avait des mœurs, lui flanqua une maîtresse gifle qui l'envoya rouler sur une borne. Après quoi il prit ses jambes à son cou pour regagner sa propre maison, en profitant de l'émoi et de la surprise générale. Mais il ne courut pas assez vite pour que l'agile et subtil Mathieu, dit le Lycopode, ne vît parfaitement où il entrait.

Que se passait-il, durant ce temps, dans le ménage Pigelevent ?

Monsieur avait de nouvelles exigences et madame, à bout de résignation, lui donnait un soufflet pour le faire tenir tranquille. Après quoi on s'était paisiblement endormi.

IV

Le lendemain, comme Pigelevent prenait du vermouth à l'estaminet du Pigeon-Voleur, les gens qui avaient assisté à la déconfiture de Thomas s'approchèrent et lui dirent en plaisantant.

— Nom de nom ! Pancrace, — c'était le petit

nom de Pigelevent, — tu as une femme qui fiche joliment les claques.

Et Pigelevent songeant à celle qu'il avait reçue, répondit :

— Ça c'est vrai... mais comment savez-vous ça ?

— Tiens ! tout le monde a bien vu.

Pigelevent demeura rêveur, en se demandant comment tout le village assistait au mystère de son alcôve. Mathieu, dit le Lycopode, entra, sur ces entrefaites, et posant son verre à côté du sien :

— Il faut que je te parle tout bas, Pancrace.

Et, quand ils furent seuls à un coin de la table :

— Tu sais que j'ai vu ta femme entrer hier soir chez le petit Jobelin.

— A quelle heure ?

— Huit heures du soir.

Pigelevent éclata de rire :

— Tu me la bailles bonne, méchant drôle ! J'étais avec ma femme, à cette heure-là, même qu'elle était en train de me souffleter. Demande plutôt à ces messieurs. N'est-ce pas, messieurs, qu'hier soir, à huit heures, ma femme était occupée à me coller une gifle ?

Thomas faisait justement son entrée. Il s'en fut droit à Pigelevent, et, sans lui dire un mot, lui serra vigoureusement la main, d'un air qui voulait dire : Je vous plains ! je les connais ces gifles !

Et, personne ne comprenant rien à tout cela, on commença une grande partie de manille, vu que c'était dimanche matin et que maintenant, au village, on joue à la manille à l'heure de la messe.

Ainsi la vertu de Lucrèce ne fut même pas soupçonnée.

Quand je vous disais qu'il y a des noms dont rien ne conjure le fatidique pouvoir et le prestige mystérieux !

CONTE PERSAN

CONTE PERSAN

I

Les Parisiens — et moins encore les Parisiennes — n'ont pas oublié ce magnifique souverain Persan qui, il y a quelques années, promena par la mélancolie occidentale de nos rues, son aigrette diamantée qui semblait faite de gouttes de soleil. Mais ce que beaucoup ignorent, c'est que ce sage monarque introduisit, à la suite de son voyage, dans ses Etats, nombre d'institutions françaises qui lui avaient paru le dernier mot de la civilisation. Non pas qu'il ait doté son royaume d'un Parlement, copié à l'image du nôtre : Pas si bête, M. le Shah ! C'est dans un ordre de préoccupations infiniment plus pratiques qu'il a daigné nous emprunter et se souvenir. Un fait, entre autres, avait excité son admiration : notre Exposition de volailles grasses, cette exhibition gastronomique dont nous jouissons tous les ans et qui fait du Palais de l'Industrie un admirable étalage de marchands de comestibles, poulets du Mans dodus comme des chanoines, canards de Toulouse étouffés par leur foie savoureux, dindes du Berry aux chairs moelleusement ambrées, oies qui n'ont pas sauvé de Capitoles mais qui bâillent à l'invasion bruyante des marrons, toutes bêtes enrubannées, délicieuses victimes de la gourmandise nationale.

A Téhéran, Edder Essin n'avait jamais mangé que d'étiques volailles et la nostalgie lui vint bien vite de ces chapons entrevus et goûtés dans un rêve qui lui avait laissé des fraîcheurs d'appétit dans la bouche. Son premier soin, après avoir fait pendre quelques ministres qui l'avaient volé pendant son absence, fut donc d'ordonner qu'une exposition annuelle et pareille à la nôtre aurait lieu dans la Capitale et d'instituer un jury d'honneur pour décerner des récompenses aux éleveurs les plus méritants.

Le goût oriental si pittoresque et si ingénieux, rehaussa bien vite le caractère de cette entreprise ; un sentiment décoratif l'embellit et l'art s'y fit une place, comme dans les moindres œuvres au pays du soleil. C'est ainsi que des animaux présentés au public, là-bas, ne sont pas simplement échelonnés sur des planches banales comme ici. Des draperies superbes les enveloppent de façon à n'en montrer que les parties les plus savoureuses, et des fleurs se dressent entre eux, en sorte qu'ils semblent des fruits émergeant de bouquets somptueux. Imaginez une cascade de chair dans un ruissellement d'étoffes chatoyantes et sous l'enlacement des tulipes et des lilas qui nous sont venus de ces lointaines contrées.

II

De tous les éleveurs qui s'étaient signalés aux précédentes Expositions, Trogul était le plus incontestablement fier des récompenses obtenues. Ses poulets avaient eu la grande médaille d'argent; ses oies l'épingle de diamant offerte par le Shah lui-même. Mais le bruit courait, entre gens occupés du même travail d'engraissement, que, cette année, un de ses envois dépasserait la splendeur de tous les autres. On parlait d'une oie merveilleuse qu'il gavait, dans la solitude, loin de tous les regards, et qui pèserait le poids d'un sénateur, cervelle comprise. La rumeur de ce phénomène était venue jusqu'au palais même, et M. le Shah (vous voyez, mesdames, avec quel respect affectueux j'ai parlé) se pourléchait déjà ses royales babines, en pensant que ce magnifique morceau lui serait servi dans un repas auquel les meilleures fourchettes du pays seraient conviées. Il avait promis d'inaugurer en personne, comme un simple président de la République, l'Exposition, impatient qu'il était de contempler, face à face, ce prodige appétissant.

Et Trogul n'avait d'autre préoccupation que de perfectionner son ouvrage, en gonflant des plus délicats farineux la bête qui lui devait valoir, sans doute, la décoration du Minet-Noir, la plus estimée dans ces régions. Il en perdait le sommeil et le souci de sa propre femme, la charmante Misouli qui, pendant ce temps-là, s'en faisait compter par son jeune voisin Abakaka. Ah! l'imbécile! non pas Abakaka, au moins, mais Trogul! Négliger les charmes d'une femme comme Misouli, qui joignait l'élégance des formes à l'opulence du contour, abondante et gracieuse à la fois, faite pour remplir les mains, les yeux et le cœur! Pour en tutoyer une pareille dans ma couche, je consentirais volontiers à oublier la saveur des pâtés toulousains eux-mêmes et jusqu'au nom sacré de Tivolier. Abakaka, qui trouvait son compte à cet abandon conjugal, excitait Trogul à sa tâche et paraissait s'intéresser plus que personne à son succès. Lui aussi, d'ailleurs, se livrait, à sa façon, à l'élevage, initiant sa bonne amie à mille gobichonnades amoureuses qui mettent leur variété excitante dans le menu un peu monotone des régulières tendresses. Songez que nous sommes au pays du Shah et que l'imagination y est volontiers fertile. Si, dans la géographie du monde entier, j'avais pu me choisir une patrie, c'est celle-là que je n'aurais jamais quittée.

III

O Fatalité, reine du monde! *Et nunc erudimini*, qui élevez des volailles! Huit jours juste avant le concours, Ismaïla — ainsi se nommait l'oie tant choyée — éclatait, avec un grand vacarme, sous une pression trop considérable de fèves explosives. Trogul faillit devenir fou. Il songea d'abord à embaumer la chère défunte, mais il pensa que son souverain s'en apercevrait en la mangeant. Voyez-vous des aromates et des désinfectants embaumant le Shah lui-même de son vivant! Et son héritier présomptif qui attend, sans doute, impatiemment le trône! Trogul se dit que tout était perdu, qu'il était déshonoré et que la mort le pouvait, seule, dérober à tant de honte. Pendant un instant lucide, il médita de coucher encore une fois, avec sa femme, et de se bien saouler d'amour avant de descendre au pays des ombres. En vain, Abakaka, qui était jaloux, le voulut dissuader de ce repas des girondins dans un lit. Trogul tint ferme et, ma foi, sa femme ne s'en plaignit pas.

Or, comme après une nuit de légitimes délices, l'Orient ouvrait déjà son aile rose au bord du ciel, et, — les premiers souffles du matin mettant un innombrable sourire à la lèvre d'argent des ruisseaux, la dernière plainte du rossignol mourant sous le regard de la dernière étoile, et les volubilis ouvrant leurs yeux mouillés le long des murailles où des papillons de pourpre et d'or couraient, pleins de mélancolie et d'adieux muets à la vie, — Trogul s'abîmait dans les nimbes de l'infini, une vision le ramena soudain à la réalité des choses. Et quelle vision! Le magnifique derrière nu de Misouli endormie, une planète de satin où l'on aurait écrasé des lis, une double colline de neige vivante émergeant de l'emmêlement des draps, comme un astre de la masse confuse des nuées. Et le souvenir d'Ismaïla lui-même s'envola de son cerveau. Non! cette oie favorite, elle-même, une fois duement plumée, n'aurait pas eu cet aspect appétissant et cet éclat, et ce soyeux de tissu vivant, et cet adorable duvet de pêche non mûre encore.

Il se frappa le front et réveillant sa femme :

— Ecoute, Misouli, lui dit-il, tu m'aimes, n'est-ce pas, et tu es prête à un sacrifice pour sauver les jours condamnés de ton époux?

— Certes, fit-elle, si vous demeurez égal surtout à ce que vous fûtes hier soir.

— Eh bien! alors rien n'est perdu. Tu sais qu'une estrade d'honneur est réservée à mon exposition personnelle. Tu t'y installeras, moelleusement étendue sur des coussins, et tout entière cachée sous de magnifiques étoffes, te faisant une cage avec le boursoufflement savant de leurs plis, de façon à découvrir toutefois un pan de ce que tu me montrais tout à l'heure et que le Shah prendra certainement pour les magnifiques reliefs de l'oie annoncée. C'est l'affaire de quelques heures de patience. Le soir, nous enverrons au palais une volaille que notre maître ne reconnaîtra pas et le tour sera joué.

Et comme madame Trogul hésitait :

— Je te permettrai, pour te récompenser, reprit-il, d'aller passer huit jours chez ta mère, ce que tu me demandes depuis longtemps.

— Acceptez, Misouli! fit Abakaka qui entrait sur ces entrefaites.

Car notre madré voisin avait bien compris que le voyage chez maman serait une frime et que cette semaine familiale-là, la belle Misouli la passerait dans ses bras.

— Soit ! fit celle-ci.

Et les choses s'accomplirent comme Trogul l'avait médité.

IV

C'est en contemplation véhémente, comme disait Rabelais, que le Shah tomba en arrivant devant l'oie mensongère de Trogul. Jamais il n'avait vu de volaille si blanche, si appétissante, si délicieusement dodue, d'un ton de chair si parfaitement lilial. Après l'avoir dévorée des yeux, il voulut à toute force en approcher le nez et la renifla avec d'inquiétantes délices.

Et Trogul pensait : Pourvu que l'émotion ne cause pas quelque malheur !

— Est-elle entièrement truffée? lui demanda le

Shah, en tendant le doigt comme pour chipper une truffe sous le croupion.

— Non ! sire ! non ! fit Trogul, mourant de peur.

Le Shah portait, au doigt, un anneau sur lequel était gravé son sceau royal. Il appela son secrétaire qui portait à la ceinture une petite fiole de jade contenant de l'encre indélébile. Il y trempa le cachet lui-même et l'apposa sur la fesse exposée de Misouli qui, toujours héroïque, ne broncha pas sous la fraîcheur du liquide.

— Comme ça, farceur, fit-il en riant à Trogul, tu ne m'en enverras pas une autre à la place.

La situation devenait de plus en plus critique pour le coupable éleveur. Elle devint tout à fait désespérée quand le Shah ajouta :

— Au fait, tu vas me livrer ton oie tout de suite que je la fasse emporter au palais et embrocher de bonne heure.

Pour le coup, Misouli n'y tint plus, et un frisson d'horreur lui raya l'épiderme.

— Hein ! fit le Shah, a qui ce mouvement imperceptible n'avait pas échappé.

Deux hommes s'avançaient pour saisir la volaille trompense, tandis qu'un troisième en comptait déjà le prix à Trogul. Celui-ci, fou de désespoir, se jeta aux pieds du souverain :

— Sire, c'est ma femme qui est là ! s'écria-t-il avec des sanglots.

— Ta femme ! Sortez, madame, fit le Shah d'un ton fort mécontent.

Misouli obéit. De l'entassement confus et miroitant des draperies aux dessins de soie et d'or, elle se dégagea lentement, toute rougissante et délicieusement nue, se cachant le visage dans ses cheveux qui lui glissaient entre les doigts comme un ruisseau d'ombre, adorablement honteuse et recoquevillant la nacre rose de ses pieds sous son admirable séant.

— Non d'un fichtre! fit le Shah qui avait appris quelques mots français et les employait volontiers.

Et se tournant vers Trogul interdit :

— Tu sais, manant, fit-il, que tout ce qui a été marqué de mon sceau royal ne peut plus que servir à mon propre usage ou être détruit. A défaut d'oie, ajouta-t-il galamment encore, je suis tout prêt à me contenter de ta femme, à moins que tu ne préfères que je la fasse jeter, sous tes yeux, dans le fleuve bleu qui la portera à la mer.

— Eh bien, j'aime mieux ça, fit Trogul furieux.

Mais Misouli, tournant ses beaux yeux de gazelle vers le roi tout-puissant :

— Sire, fit-elle d'une voix touchante, j'aime cent fois mieux faire mon mari cocu que de mourir !

— Et tu as raison, adorable créature ! poursuivit le Shah en lui caressant le menton. Et, comme la loi me défend de te posséder contre le gré de ton mari, c'est lui que nous allons précipiter dans le fleuve bleu à ta place.

— J'opine pour le déshonneur, fit noblement Trogul, et je consens à tout !

— Rentre donc chez toi, imbécile !

— Et, le congédiant d'un geste hautain, le Shah tendit la main à la belle Misouli qui fut incontinent installée dans une litière au-dessus de laquelle se balançaient des branches d'amandier fleuri, des palmes et des queues de paon avec un œil d'émeraude au bout.

V

Quand Trogul rentra chez lui, la tête basse, Abakaka lui administra une de ces trempées qui font époque dans la vie d'un homme, en l'appelant lâche et ruffian.

— Tu n'as donc pas pensé à moi, animal! hurlait-il en le frappant.

Mais Trogul le désarma par sa patience. Ils sont les meilleurs amis du monde maintenant, et quand, sur les épaules de quatre robustes noirs, sous le balancement des verdures odorantes et des plumages étincelants de pierreries, Misouli passe dans la musique des cimbales et des petites flûtes, elle leur sourit à tous deux, le plus affectueusement du monde, sans la moindre rancune dans le regard.

La morale de tout ceci c'est que prendre une femme pour une oie est une sottise et une impertinence à la fois.

HORRIBLES DÉTAILS

HORRIBLES DÉTAILS

I

Je viens de perdre cruellement une illusion, — la dernière, peut-être! O Gleyre, pourquoi as-tu peint ce vaisseau fatal que j'aimais autrefois, parmi les toiles du Luxembourg, avant qu'il emportât tout ce qui m'a charmé, vers de lointains rivages? Ce n'est plus seulement, comme Horace : *Animæ dimidium meæ*, mais mon âme tout entière qu'il écarte des rivages où fleurit l'immortel espoir. Vous croyez peut-être, de ma part, à une déception d'amour ? C'est en amour seulement que je n'ai jamais été déçu, parce que je n'ai jamais demandé à l'Amour que ce qu'il donne certainement. Vous mêmes qui m'avez trahi, fugitives amoureuses dont mon souvenir respire encore les chevelures parfumées, vous ne m'avez rien pu reprendre de ce que j'avais adoré en vous, aucune des joies que vous m'avez données. Car si vos caresses étaient des mensonges, pour vous, elles étaient pour moi de délicieuses réalités ! Les baisers sont doux, qu'ils montent ou non du fond de l'âme. Imposture quelquefois, la tendresse de la femme : mais jamais imposture, la fermeté des belles chairs qu'on boit toutes nues, la griserie divine qui coule des lèvres aux lèvres, l'étreinte où l'être tout entier se sent voluptueusement anéanti. Je ne sais que l'Amour qui ne trompe jamais au monde, parce que le semblant de l'Amour est aussi doux que lui-même.

Mon désenchantement vient d'ailleurs et d'un bien plus grave motif, comme vous en pourrez juger.

Je m'étais habitué à considérer le *Journal des Débats* comme une feuille extrêmement sérieuse, comme le temple de l'austérité littéraire. J'y croyais conservées, un peu comme dans un tombeau, les traditions des gazetiers d'antan qui n'étaient pas des Polichinelles comme ceux d'aujourd'hui. Et, de fait, le merveilleux tableau qu'eu a tracé cette année mon ami Jean Béraud et où la rédaction tout entière de ce journal antique est représentée, à la façon des maîtres hollandais, comme ces portraits d'échevins familiers et superbes qu'on voit à Amsterdam et à Anvers, ne m'avait pas fait changer d'avis. Ils sont tous là, graves comme des bonzes, autour du poêle traditionnel, dans une salle qui sue le travail; une salle aux murailles, par ci, par là, craquelées, quelque chose comme une étude de notaire de province. Et tous ressemblants! M. Léon Say, un chanoine à moustaches sur lesquelles un peu de sucre en poudre a neigé; M. Renan dont le ventre bienveillant semble une douillette vivante; M. John Lemoine à qui le frac noir du quaker ne messiérait pas. Seul, dans cette studieuse atmosphère, Jules Lemaître apporte cette *odor di femina* particulière à tous ceux qui fréquentent aux coulisses, et Ernest Reyer le parfum du cigare qu'il fume, campé comme un capitaine en retraite. Tous les autres ont un sérieux de bénédictins. Je suis sûr que les distillateurs de la Chartreuse, eux-mêmes, n'ont pas un air plus convaincu.

Et c'est là, dans cette façon d'Église Huguenote, que, froidement, s'élucubrent des plaisanteries du goût de celle qui m'indigne et qui me charme à la fois!

Mais, au fait! Vous serez certainement aussi surpris, sinon aussi ravis que moi-même.

II

Tout le monde a pu lire, dans les *Débats* du 21 février dernier, et sous la rubrique de « Causerie scientifique », ces lignes auxquelles je ne change pas un mot :

La force explosive du haricot.

« La force d'un haricot ! Quelle force, demandera-t-on, peut bien avoir un haricot ? C'est précisément ce que M. Gréhant, le physiologiste bien connu, a voulu savoir. Il est vrai qu'il n'ignorait pas qu'elle existait et qu'elle devait être considérable. Les anatomistes, pour désarticuler les os du crâne, emploient depuis longtemps une méthode bizarre : ils remplissent la boîte osseuse de graines de haricots secs, puis plongent le crâne dans un seau plein d'eau ; au bout de quelque temps l'eau qui pénètre dans les haricots les fait se gonfler et la pression exercée du dedans au dehors est si grande que les os se séparent en brisant même un certain nombre de dentelures osseuses enchevêtrées très solidement. Toutes les graines, en se gonflant, font plus ou moins de ravages. M. Gréhant a mesuré la pression produite par des haricots. Il a pris une de ces bouteilles en fer dans lesquelles on emmagasine du mercure. Ces bouteilles ont trois litres de contenance ; il y a introduit un bon litre de haricots, et, au milieu, a placé une ampoule de caoutchouc pleine d'eau fixée à un tube de cuivre épais, relié à un manomètre de Bourdon. On finit d'emplir avec de l'eau et l'on attendit que les haricots fussent humectés. La pression exercée sur l'ampoule de caoutchouc se transmit par le tube jusqu'au manomètre dont l'aiguille marqua cinq atmosphères... la pression moyenne d'une chaudière à vapeur ! Voilà la force d'un haricot ! »

Qu'en dites-vous mes compères ?

Pour moi *Horesco...* non *Harico referens.*

Il est bien permis de parler latin dans l'ancienne maison de Jules Janin.

III

Je ne suis pas pessimiste. Certainement l'auteur de cette coupable facétie n'en avait pas mesuré ni pressenti les conséquences. Il ne s'est pas dit que tout était pris au sérieux par le lecteur, dans la feuille où il a l'honneur d'écrire. Il a fallu, pour moi-même, qu'un voyage accidentel fît la lumière sur les résultats terribles de cette dangereuse révélation.

Je trouvai Soissons, cette ville d'ordinaire paisible où j'allais acheter quelques graines potagères pour mon jardin, dans un état d'effervescence dont on ne peut donner l'idée. Le sous-préfet et le maire venaient d'envoyer leur démission à monsieur le ministre de l'intérieur. Depuis qu'il était acquis, pour les habitants, que chacun d'eux n'avait qu'à ouvrir la bouche pour développer en soi la force de cinq chevaux, il était impossible de leur faire entendre raison et de se soumettre à la loi. L'idée d'être promus au grade de forces motrices les grisait absolument. Ils rêvaient des fortunes impertinentes dans une industrie régénérée.

Songez que le lendemain même du jour où ce fâcheux article avait paru, le célèbre Marcel Desprès et son collaborateur Franck Géraldy, étaient arrivés en hâte à Soissons, pour y continuer, sous une forme nouvelle, leurs belles expériences du Dauphiné. Le transport de la force motrice était dorénavant un problème résolu par des moyens bien moins coûteux que l'électricité. Tout Soissonnais était un accumulateur vivant qu'il suffisait d'expédier sur place, après l'avoir chargé à domicile. Et tous ces braves gens qui vendaient encore la veille, cahin-caha, leurs fagots au marché, se voyaient faisant tourner des moulins, mouvoir des sucreries mécaniques, alimentant de mouvement les imprimeries, comme à Grenoble. Le ministère de la guerre les disputait au ministère des travaux publics. Ils constituaient, personnellement, une artillerie de campagne autrement facile à manier que nos plus délicates pièces. Et, toujours, dans leur rêve de splendeur, ils se représentaient faisant sauter des forts, décimant une infanterie, bombardant une place. Ceux mêmes qui savaient nager se vouaient au métier de torpilleurs et crevaient, entre deux eaux, les vaisseaux ennemis.

Allez donc faire payer leurs contributions à des gaillards investis d'une telle puissance ! Cuirassés dans leurs cinq chevaux-vapeur, ils menaçaient de faire face à la moindre vexation. A les entendre ils étaient tous au cran d'arrêt et prêts à faire un feu de file.

Timidement informé de cette attitude hostile d'une population qui n'avait jamais bronché depuis que

Clovis y avait cassé une cruche sur la tête d'un passant, M. Constans a pris les mesures nécessaires, et on peut tout attendre de sa fermeté. Mais il ne faut pas se dissimuler que Soissons contient dix mille âmes, soit soixante-douze mille chevaux vapeur, en comptant les enfants, qui ne représentent, eux, que des poneys-vapeur. Il y a donc lieu de craindre une résistance énergique et désespérée.

Una salus victis, nullam sperare salutem.

N'est-ce pas, ombre de Jules Janin ?

Pour moi, je suis absolument sous la terreur de ces événements que le gouvernement s'efforce de cacher mais qui ne sauraient manquer cependant de faire du bruit. Eh bien ! le *Journal des Débats* aura coûté cher à la tranquillité publique et je suis maintenant pour la répression de toutes les libertés de la presse. Il faut en finir avec ces feuilles insurrectionnelles qui ne respectent même pas le repos des citoyens !

P. S. — Mon courrier m'apporte des nouvelles plus inquiétantes encore. La mauvaise parole fait son chemin. Le mal gagne du terrain. C'est ainsi qu'on m'écrit de Montastruc, en Languedoc, qui est une sorte de Soissons méridional, que l'émeute lève la... tête, que le droit à l'expansion naturelle est affiché sur tous les murs, et que mon ami Marc Teulade, le maire dont tout le monde connaît cependant les sentiments de bienveillance et d'humanité, est décidé à sévir contre les rebelles qui menacent de faire sauter la place. »

JOSEPH

JOSEPH

I

— Vraiment, Hermance, vous tenez à lui faire encore une dernière visite avant notre mariage?

— Pardonnez-le-moi, mon cher Théodule, mais c'est, chez moi, une superstition. Il me semble que c'est bien le moins que je lui dise adieu; songez qu'il a été trois ans mon mari et qu'il m'a rendue parfaitement heureuse.

— Dites tout de suite, Hermance, que vous l'aimiez mieux que vous ne m'aimerez jamais.

— Fi! que c'est laid, Théodule, d'être jaloux d'un pauvre mort! Et que vous êtes injuste, mon ami! Puis-je mieux, vraiment, vous témoigner ma tendresse qu'en attendant à peine l'expiration des délais légaux pour convoler, avec vous, en secondes noces? Je suis en demi-deuil encore et j'y voudrais rester toujours puisque vous dites que le noir me sied bien, et déjà nous causons de ma toilette de mariée. Nous ne sommes pas encore epoux — et je vous mêle déjà si bien à ma vie que nous venons de déjeuner ensemble, chez moi, au coin du feu, et que j'ai gardé pour vous recevoir ma robe de chambre, parce que je sais que cela vous fait plaisir. Si ce ne sont pas là des preuves d'amour!...

— Que voulez-vous, ma chérie! vos visites au cimetière me sont pénibles malgré moi. Vous en revenez toujours les yeux rouges...

— D'abord, oui. Mais maintenant, je suis bien plus forte. Tenez, versez-moi encore un demi-doigt de chablis. Vous verrez comme je suis résignée.

— Cher ange!

— Et coupez-moi donc un peu de perdreau. Oh! je ne pense plus à me détruire, comme les premiers jours, depuis que je vous ai connu! Venez m'embrasser maintenant.

Théodule ne se le fit pas dire deux fois.

Et cet entretien aimable avait lieu, devant une table fort bien servie, sans domestiques pour témoins, une vraie dînette d'amoureux, à midi, dans un beau rayon de soleil traversant les rideaux et venant s'étendre, en flots d'or, sur la nappe, allumant des étincelles dans les verres à demi-pleins de vin blanc. Dans huit jours on serait mari et femme et on se promettait de déjeuner au lit avec le dessert que vous devinez en perspective, un de ces déjeuners entr'actes pendant lesquels on se repose de la pièce, tout en étant impatient d'y revenir. L'impatience de Théodule se comprenait d'ailleurs à merveille ; car Hermance était une délicieuse personne de tous points, trop blonde pour moi, mais assez brune pour lui, disons châtain-clair avec de beaux reflets fauves dans la chevelure, des yeux d'un bleu presque gris aimantés comme ceux des chats, une bouche rieuse pareille à une rose dans laquelle il aurait neigé, un menton grassouillet ponctué d'une jolie fossette ; sans préjudice des charmes placés moins haut, dans l'économie de son aimable personne : je veux dire des seins rondelets et fermes comme des pommes, une taille bien en chair sans être massive, un soupçon de petit ventre équilibrant merveilleusement, par devant, les savoureuses proéminences qui montuaient l'autre côté, toutes choses plus essentielles au bonheur d'un ménage que l'argent et tout ce qu'il procure. Soit dit pour les braves gens qui donneraient pour un liard de fesse, la fortune même de Crésus.

— Vous ne resterez pas trop longtemps, au moins, Hermance, dans cette nécropole ?

— Non ! mon chéri ! j'irai en me promenant. Ça me fera prendre l'air. Le temps est magnifique. J'irai commander, en revenant, une glace pour notre dîner, une glace aux framboises, comme vous les aimez, gourmand !

Un nouveau baiser paya cette attention et Théodule s'en fut à son bureau, durant que sa fiancée encadrait son joli visage dans un chapeau délicieusement garni de jais et qui semblait une pluie de diamants nègres.

II

Le temps était admirable, en effet, une journée de printemps toute baignée de lumière, avec ces parfums vagues de fleurs nouvelles que des charrettes à bras promènent et qui pleurent, sur le pavé, des pétales de roses, des feuillles de lilas, des cœurs de narcisses à demi fermés. Paris est adorable vraiment, vibrant comme l'écho de tous les renouveaux extérieurs, en cette saison tour à tour ensoleillée et mouillée de rapides averses. Les femmes y hasardent des toilettes plus légères déjà et, sur les chaussées humides encore, découvrent des bottines plus fines, mates et mouchetées à peine de petites taches blanches. Il faudrait avoir avalé sa langue, — pour parler décemment et suivant une locution proverbiale, — pour n'être pas ému devant ces exhibitions de chevilles élégantes et paresseuses. Je n'y ai jamais pu résister pour ma part. Il est même heureux que je n'aie pas rencontré, ce jour-là, Hermance, veuve Douillard (Joseph) et bientôt femme Penouille (Théodule) allant rendre des devoirs posthumes à son premier mari, après avoir bu d'excellent chablis, à déjeuner, avec le second. Ainsi est faite la vie de sourires et de larmes, d'espérances joyeuses et de mélancoliques souvenirs.

Et vraiment, après avoir gracieusement hoché la tête devant les cochers de fiacre qui lui offraient leurs services, elle prit le chemin des écoliers pour se rendre au cimetière, là-bas, bien loin derrière le Luxembourg, qu'il lui fallut traverser pour achever son pèlerinage. Elle marchait nonchalamment, délicieusement lassée par les premières chaleurs, buvant les tiédeurs de l'air à pleins poumons, s'arrêtant pour écouter chanter les oiseaux dans les branches, rayonnante du rayonnement de toutes choses, image radieuse de la vie allant faire une aumône aux détresses silencieuses de la mort.

Les passants la regardaient beaucoup, avec des concupiscences dans les yeux, pressant le pas, par derrière, pour se rapprocher d'elle; le ralentissant, par devant, pour qu'elle les pût rejoindre, se frôlant légèrement à elle au passage, timides soupirants dans le grand rut qui hâtait les ailes des ramiers se poursuivant d'arbre en arbre et faisait hennir les chevaux cabrés dans leurs brancards de misère. Et quand elle effleurait les larges bordures des bassins, tout embaumées de lierres profonds, les poissons amoureux aussi venaient strier son image, dans l'eau, de bandes brunes et frétillantes.

III

Et, tout en marchant ainsi dans la double sérénité du paysage et de sa propre pensée, elle se remémorait le défunt, sans amertume, mais sans rancune non plus, avec plus de fleurs que d'épines dans la mémoire.

Un bon bougre, après tout, que feu Joseph Douillard qu'elle allait pleurer à domicile! Bon enfant comme tout et aimant tant à rire! Théodule Penouille aurait-il un caractère aussi égal, une nature aussi constamment enjouée? Elle le souhaitait, mais elle en doutait. Un peu mélancolique, ce Théodule, et même un peu méfiant, susceptible et s'offusquant trop volontiers.

Mais Joseph! quelle exquise pâte d'homme! En voilà un qui n'engendrait pas la tristesse! Et caressant! Ah! ce n'était pas, comme Théodule, un de ces passionnés sombres qui ont toujours l'air de martyrs. Lui, Joseph, il aimait gaiement, avec de la bonne rigolade, et sa tendresse, elle-même, sans en être ni moins profonde, ni moins dévouée, était pleine de facéties délicieuses, émaillée d'adorables bouffonneries. Avaient-ils assez ri ensemble! La nuit, on s'esclaffait pour un rien, comme des enfants! le plus petit bruit! on se tenait les côtes. Ce Joseph avait un talent d'imitation! Il vous pigeait un timbre! C'était joliment amusant tout de même de s'adorer avec toutes ces folies. Pauvre Joseph!

comme il avait eu tort de mourir d'un chaud et froid! Et même très malade il avait encore le petit mot drôle à la bouche. Ils sont rares les maris de cette humeur-là!

Et elle se souvenait de mille détails charmants de cette vie à deux trop tôt brisée. Le matin, par exemple, en été, Joseph, qui se réveillait toujours le premier, ne manquait jamais de lui relever légèrement, par derrière, la chemise, à elle endormie encore ou faisant semblant de dormir, et de lui chatouiller le séant soit avec une plume, soit avec une fleur, pour faire faire des grimaces à son pétard dont la peau frissonnait comiquement sous cette caresse. Ce frémissement de neige vivante, cette détresse du gros assoupi qui ne savait pas ce qui lui arrivait, mais qui souriait comme les bébés dont on tapote le menton affectueusement, le faisait rire aux larmes. Elle se sentait des gouttes tièdes sur la peau et finissait par se fâcher, mais en riant. Et la petite fête recommençait de plus belle. C'était un voyage de baisers par tout le beau pays du tendre et du blanc.

Ah! ce Joseph! quel zigue excellent! Je vous prie de croire que si elle avait pu rester seule, elle serait demeurée éternellement fidèle à son ombre. Mais voilà! Elle ne se sentait pas de force, au printemps surtout, quand les oiseaux faisaient leur vacarme voluptueux dans les branches, et quand les fleurs s'ouvraient comme des lèvres ayant soif d'amour!

IV

Elle avait franchi la sombre porte que deux urnes symboliques surmontent. Là aussi les moineaux, indifférents à la Mort, piaillaient des appels à la débauche, et les fleurs qui s'inquiètent peu d'où leur vient la sève, exhalaient des haleines pleines de mystérieux baisers. Comme elle connaissait le chemin à merveille, elle fut bientôt près de la tombe cherchée. Il était midi et le cimetière était absolument désert, les douleurs, même récentes, étant en train de prendre leur café ou leur thé, selon leur goût. Hermance allait s'agenouiller, quand elle éprouva, dans le ventre, un léger tressaillement. Il y avait longtemps déjà qu'elle gardait une certaine envie... une petite envie s'entend ; le vin blanc qui, comme feu Étienne Marcel, réclamait ses franchises communales. L'insinuation devenait douloureuse. Elle comprit qu'il lui serait impossible de se mettre à genoux sans s'être posée d'abord autrement dans ce lieu vénérable? Comment faire cependant! Ce n'était plus tenable. Elle mourrait avant d'avoir pu regagner le seuil du jardin funèbre. On cite des personnes qui sont mortes de ça, et pour avoir voulu économiser l'arrosage naturel. Ah! ma foi, tant pis! Elle ne posa pas les genoux à terre mais les dressa en l'air, au contraire, s'encapuchonnant de ses jupes et après avoir bien regardé si personne ne la voyait.

Un souffle d'air chaud et parfumé pencha les longues herbes vers la partie de sa personne qu'elle venait de découvrir, si bien que la chair en fut frôlée comme dans une caresse.

Et, toute au souvenir de tout à l'heure, tout en donnant la liberté à l'intolérant captif, Hermance soupira, se rappelant les réveils joyeux d'autrefois, et sur un doux ton de reproche :

— Ah! Joseph!

LA SAUCISSE TOULOUSAINE

LA SAUCISSE TOULOUSAINE

I

Dans sa jolie chambre, sise en plein soleil, au premier, dans la rue des Grilles, Annette Roubichou achève sa toilette et n'a plus guère qu'à poser sur l'amoncellement parfumé et sombre de ses cheveux, un coquet chapeau de paille d'Italie, où de grosses cerises rouges pendent comme des gouttes de sang. La pièce où elle accomplit ce travail aimable, a tous les aspects d'un reposoir, un jour de Fête-Dieu, quand les reliques de saint Sernin parcouraient les rues tendues de blanc, dans leur cercueil d'or, sur lequel s'effeuillaient des pétales de rose, — un spectacle admirable et que les amis du pittoresque regretteront toujours. — Et, de fait, c'est une façon de Dieu qu'attendait mademoiselle Annette Roubichou, celui qui tenta tour à tour l'antique Léda et l'antique Danaé. Celui-là ne viendrait ni sous le plumage lilial d'un cygne, ni dans le crépitement métallique d'une pluie d'or, mais sous les espèces d'un simple gentilhomme, correctement vêtu à la mode contemporaine, le joli baron Pétoné de Tabelmayre. Quand je dis que cette péronnelle l'attendait, elle faisait mieux : elle allait aller au-devant de lui, et c'est exclusivement dans ce but qu'elle s'habillait pour sortir. Soyons plus précis encore : il y avait quinze jours, au moins, que le baron la suivait quand elle allait écouter la musique au grand Rond ou sur les allées Lafayette, sous les arches des grands arbres et sous les souffles tièdes du vent d'Autan balayant les poussières.

Et, dans un langage absolument clair, il y avait juste le même temps qu'il lui exprimait un désir éperdu de coucher avec elle. Au fond, Annette ne demandait pas mieux, mais elle entendait lui promener, quelque temps, la pomme sous le nez, avant de l'y laisser mordre. Beaucoup de femmes s'imaginent qu'elles donnent ainsi du goût au fruit pardaisiaque. J'en sais qui le font si longtemps attendre, qu'on n'a plus faim quand elles vous l'offrent. Mais Annette était une expérimentée, et très sagement, elle avait jugé que le temps de céder était venu. C'est donc pour le sacrifice qu'elle se parait comme les anciennes victimes. Tout à l'heure, quand l'impétueux soupirant, le dernier morceau du concert mourant sous les feuillées, lui demanderait, une fois encore, la permission de la suivre chez elle, eh bien! avec un sourire longtemps médité, elle lui répondrait : oui! Il serait environ six heures, six heures pour le quart, comme disent les gens de théâtre. Un moment du jour exquis pour prendre, loin des cafés, un apéritif autrement exquis que les plus savoureuses absinthes.

Oh! ce prélude du dîner qui précède les hors-d'œuvres eux-mêmes, comme elle en savait le charme et les secrètes voluptés! Les premiers frissons du soir courent dans les rideaux, mêlés aux derniers rayons du soleil oblique, lumineux et visibles et venant effleurer, sur les draps, les chairs pâmées. Que les bien aimées sont douces sous ces aurores rosées du couchant, rosées comme de vraies aurores! De même que les fleurs coupées depuis le matin exhalent, dans leur dernière haleine, le meilleur de leur âme odorante, ainsi, les corps adorés qu'ambrent des clartés défaillantes, semblent se recueillir dans un parfum plus grisant et plus délicieux. C'est l'heure véritable pour les sybarites de l'amour charnel. Ce Pétoné de Tabelmayre avait l'air bien bâti, de résistance et de belle volonté. Alors, cette consommation à deux n'aurait vraisemblablement rien que de fort agréable. Ainsi pensait mademoiselle Roubichou, en traversant d'une épingle de cuivre les épaisseurs de son chignon, son chapeau fleuri et en se faisant à elle-même de petites grimaces dans la glace.

— A bas ! Pitchoum ! faisait-elle, en même temps, au petit chien qui lui japait aux jupes.

Et Pitchoum, qui avait l'habitude de sortir avec sa maîtresse, n'en bondissait que davantage autour d'elle, griffant l'étoffe de ses ongles et aboyant joyeusement.

Mais, entre tant de choses préméditées, il avait été résolu que Pitchoum demeurerait à la maison. Pitchoum n'aurait qu'à interrompre le baron pendant sa déclaration et à lui donner des distrations inopportunes. Et puis, Pitchoum était sage encore, pur comme un lys, et il est toujours inutile, sinon immoral, de donner un mauvais exemple aux jeunes animaux dont on prétend faire des bêtes de bien. Pitchoum n'avait déjà que trop de propension à suivre ses camarades des deux sexes, en leur reniflant au derrière, ce qui est la façon de priser de ces marquis à quatre pattes, qui semblent toujours se dire après, l'un à l'autre : Eh bien ! que penses-tu de mon tabac d'Espagne ?

— Pauvre Pitchoum ! murmura avec une dose de remords, l'excellente mademoiselle Annette Roubichou.

Et sur le nez noir du toutou, pareil à une petite truffe, elle posa ses jolies lèvres roses, puis se releva, tapota ses jupes pour leur donner d'heureux plis, et, devant Pitchoum désappointé, prit de la poudre d'escampette.

II

Transportons-nous, s'il vous plaît — traverser la rue des Grils n'est pas un bien grand voyage — de l'autre côté de la chaussée, juste vis-à-vis, au rez-de-chaussée, dans la salle à manger de dame Christine Peyrolade, qui met elle-même le couvert, en s'impatientant et en maugréant contre sa servante. C'est aujourd'hui la fête de cette opulente personne, j'entends : opulente, en ne parlant que de ses formes seulement et sans avoir la moindre intention de faire l'inventaire de sa fortune. Un chapelet de rondeurs aimables, cette dame trentenaire, et dont le double *gloria patri*, — ainsi s'appelle le gros grain qui sépare les petits par dizaines dans le chapelet, — était sis au siège même de cette créature dodue. Ah! que j'aurais été volontiers, dans mon temps, le dévôt de ce vivant rosaire! Mais tu es mieux que trentenaire, Armand, et sans que ta piété se soit refroidie, tu te sens moins en veine de prier. Qui me rendra la foi pratique de mes premières années? Oui, en ce jour d'heureux anniversaire et à cette heure embaumée par les premiers parfums des ratatouilles qui mijotent dans les cuisines, la femme Peyrolade s'impatientait furieusement. Son mari lui avait promis de revenir de bonne heure, en lui rapportant une de ces bonnes petites saucisses toulousaines, qui donnent à la soupe un goût vraiment délicieux.

N'allez pas croire à quelque sous-entendu grivois ! M. Peyrolade ne me pardonnerait pas une image humiliante pour lui. Ces saucisses sont fort petites, rondelettes, un tantinet ratatinées. Mais quel goût, mes enfants ! Un poème de charcuterie ! Or, M. Peyrolade ne venait pas du tout ! Certainement il était demeuré chez Albrighi à faire sa manille avec Marcel et Remy, en criant toujours après son jeu et en trichant quand il le pouvait. Ah ! il pensait bien à sa femme et à la fête de sa femme ! Encore un vermouth, compagnon ! Il arriverait dans un joli état et certainement trop tard pour mettre à temps le comestible attendu dans la chaudière impatiente. Il allait être bien reçu ! Et la grosse dame se battait les fesses avec rage ; ce qui faisait un bruit de volupté qui eût réveillé un mort, même dans le tombeau d'Abélard.

Ah ! il n'arrivait pas ! Eh bien ! elle mangerait la soupe toute seule, à l'heure militaire, sans se plus occuper de lui.

L'heure militaire sonna. Sur un appel à la porte, la soupière fumante fit son entrée.

Cette heure militaire sonnait de l'autre côté de la rue la diane des amours. Au même coup précis de l'horloge, en effet, le baron Pétoné de Tabelmayre faisait son entrée solennelle dans la chambre de mademoiselle Annette Roubichou, précédé de sa victime émerillonnée comme un cerisier dont les fruits sont roses encore, faussement pudique et mourant d'une honte tout à fait artificielle.

Rien n'est plus intéressant à noter, dans la vie, que cette coïncidence imprévue et vraiment mathématique de certains événements ne semblant avoir, entre eux, aucune espèce de rapports. C'est ainsi que le Temps, tout comme la Logique, crée, entre les choses, d'invisibles et mystérieux liens.

III

Vous n'avez pas oublié que Pitchoum était demeuré à se morfondre dans ladite chambre, durant que sa maîtresse allait succomber moralement, en plein grand Rond. Pitchoum était un terrier volontaire et rageur, malgré sa jeunesse, et, de plus, rancunier comme un juge d'instruction. Furieux d'avoir été abandonné et frustré de sa promenade accoutumée, il cherchait quel bon tour il pourrait jouer à cette perfide Annette. Il commença par mordiller les franges des rideaux et par épiler les tapis avec ses pattes nerveuses. Puis, une idée gauloise traversa son cerveau de chien tourangeau — on l'avait expédié de Chinon même, patrie de Rabelais, à mademoiselle Roubichou ; — tout comme s'il avait lu son *Panurge*, Pitchoum s'accroupit, la queue verticale et les jambes de derrière en X, au beau milieu de la pièce. Après quoi il y déposa une façon de londrecitos, qui fuma plus spontanément que ceux de notre régie. Cher vidame, si vous en rencontrez quelqu'un de pareil, gardez-vous de le mettre dans votre porte-cigare !

Il venait d'achever cette manifestation pétunière — vous savez que le tabac s'appelle encore : pétun,

dans le dictionnaire de l'Académie, d'où le verbe :
je pétune, tu pétunes, nous pétunons... etc. —
quand mademoiselle Annette, rougissante, ouvrit
l'huis, précédant son amoureux, comme je l'ai décrit tout à l'heure. D'un coup d'œil rapide, elle
aperçut le présent de fiançailles que Pitchoum avait
posé sur son chemin, dans le parfum des fleurs qui
s'éploraient sur la cheminée ; et, d'un mouvement à
la fois subtil et impétueux, du bout de son pied mignon, avant que le baron eût pu rien voir, elle fit
sauter le malencontreux cadeau par la fenêtre grande
ouverte sur les mélancolies amoureuses du couchant.

Puis, elle accomplit consciencieusement le reste
de son programme apéritif. Si monsieur le baron de
Pétoné de Tabelmayre n'avait pas grand appétit,
une heure après, c'est qu'il y avait mis de la bonne
volonté.

IV

— Ah ! vous voilà, monsieur le Pandour !

L'excellent Peyrolade entrait un peu confus sur
cette apostrophe violente. Il balbutia maladroitement quelques excuses.

— C'est comme ça que vous avez apporté ma saucisse, manant !

Il fallait absolument arrêter ce débordement d'injures.

— Chère amie, fit-il, il y a longtemps que je suis là ! dit-il avec aplomb.

— Quel toupet ! Vous vous cachiez alors !

Avec un sourire très fin et quelque peu mystérieux, il répondit :

— Peut-être.

Et le mot : Surprise ! passa entre ses lèvres.

La vérité est que, sa partie de manille ayant fini trop tard, il n'avait pas eu le temps de faire un détour pour passer chez le charcutier et, qu'en route, par acquis de conscience, en courant, et pour se faire pardonner, il avait acquis, en manière de saucisse, une demi-livre d'abricots qui lui ballotaient dans la poche.

Sur le mot : surprise, qu'elle avait vaguement entendu, madame Peyrolade s'était subitement radoucie. Elle ne tenait pas à avoir de brouille ce jour-là. Son mari, qui était plutôt, en ménage, mensuel que quotidien, lui avait fait espérer une avance sur le mois prochain, peut-être une gratification en dehors des appointements ordinaires. Il s'agissait de ne pas compromettre cette libéralité et de ne pas faire refermer la bourse au généreux donateur.

— A table, donc, mon chéri, lui dit-elle. J'ai à peine mangé deux cuillerées de soupe sans toi.

Comme Monsieur avait à se faire pardonner et que Madame ne demandait pas mieux que de pardonner, d'un accord commun, le potage fut trouvé exquis. Comme on arrivait au fond de la soupière !

— Ah ! coquin ! Tu l'y avais mise sans me le dire !

Et d'un sursaut passionné, elle courait, s'étant levée, pour embrasser son mari.

Celui-ci regardait, hébété, dans une dernière cuillerée de bouillon qu'on s'allait partager, quelque chose nager, qui ressemblait, en effet, à une courte saucisse. Très pâle, il rendit son baiser à sa femme en lui disant d'une voix tremblante :

— Tu vois bien !

L'entracte tourna tellement au tendre, que monsieur Peyrolade se leva aussi de table et que tous deux furent s'asseoir sur un canapé voisin sur lequel nous respecterons leurs conjugales et légitimes délices. Quand les trois coups retentirent, — au théâtre, sinon dans la vie, c'est toujours trois coups — pour le lever du rideau sur le reste du dîner, la servante avait enlevé la soupière, et était sortie en riant comme une folle.

Le soir, au lit, on recommença le spectacle. M. Peyrolade dit à sa femme :

— Alors, tu l'avais faite acheter en cachette de moi et prévoyant que je l'oublierais ?

Elle n'y comprit absolument rien. Mais qu'importe ! Ce n'était plus de cela qu'elle était curieuse ! Et tous deux ignorèrent toujours que Pitchoum était le mystérieux charcutier qui leur avait envoyé à domicile le comestible seulement entrevu !

FANTAISIE ANTIQUE

FANTAISIE ANTIQUE

A Charles Toché.

I

Comme une nappe d'azur pâle jonchée de longues palmes d'argent, la mer syracusaine palpitait au moindre souffle, dans la fraîcheur parfumée d'un admirable soir d'été. Bien que le ciel fût encore au Zénith, d'une limpidité parfaite, d'un bleu tendre et cœruléen de topaze où les premières étoiles mettaient un scintillement d'or, le soleil s'était couché, dans sa gloire, plus haut que l'horizon, descendu qu'il était derrière une bande de nuées violettes frangées de pourpre sanglante où se lisait la menace prochaine de l'orage.

Au pied d'un tamarin, le berger Ménalque était à genoux devant l'indifférente Glycère, à la chevelure de miel. Pour la centième fois, il lui décrivait les tortures de son âme, et, après une introduction mélancolique sur la flûte de Pan aux sept roseaux inégaux, d'une voix tout ensemble solennelle et attendrie, il lui disait harmonieusement :

> O Glycère, l'Amour a, dans mon cœur amer,
> Enfermé les sanglots infinis de la Mer,
> Et le Rêve profond du ciel qui s'y contemple.
> Le lierre, qui serpente au seuil fleuri d'un Temple,
> A moins d'enlacements doux et capricieux
> Que mes désirs autour de ton corps gracieux,
> Marbre vivant, autel que plus jaloux encore,
> L'or clair de tes cheveux, en le baisant, décore !
> L'arbuste ne sent pas, en sa verte saison,
> Tant de sèves gonfler sa jeune frondaison,
> Que mon être éperdu d'effluves oppressantes.
> Par la fraîcheur des bois, par la longueur des sentes,
> Près des sources d'azur où pleure un sable fin,
> Je promène un espoir qui désespère enfin !
> Pour aimer et mourir, o Toi que j'ai choisie,
> Je suis la voile en deuil qu'enfle ta fantaisie.
> Quand j'ai lassé la terre à chanter mon tourment,
> Ton caprice cruel enlève, au firmament,
> Mon cœur saignant, mon cœur, prisonnier de Glycère,
> Comme l'oiseau que l'aigle emporte dans sa serre !

— Tout cela peut être fort beau, lui répondit Glycère en l'interrompant. Mais je n'y ai vraiment pas compris grand chose. N'auriez-vous pas quelque chanson un peu plus gaie et moins endormante à me dire ?

L'amoureux pasteur soupira.

Résigné à toutes choses, il modula, sur son instrument docile, une façon de turlututu. Puis, d'une voix qu'il s'efforçait de rendre joyeuse, sur un rythme moins pesant et moins chargé de spondées, il continua :

> Si Glycère voulait
> M'abandonner sa lèvre,
> J'y verserais le lait
> De ma plus blanche chèvre...
> Si Glycère voulait
> M'abandonner sa lèvre !
>
> Pour la payer après,
> De n'être plus rebelle,
> A ses pieds je mettrais,
> Ma brebis la plus belle...
> Pour la payer après,
> De n'être plus rebelle !
>
> A mon désir surpris,
> Pour que sa beauté cède,
> Je trouverais sans prix
> Tout ce que je possède...
> A mon désir surpris,
> Ah ! que ta beauté cède !

— Voilà qui est infiniment mieux et plus clair, reprit l'aimable fille sur un ton infiniment plus gracieux. Et tu possèdes une maison, n'est-ce pas ?

— A la porte de la ville et la mieux située du monde, blanche, avec une coiffure écarlate.

— Tes troupeaux sont nombreux et bien portants ?

— Ils sont renommés dans toute la contrée et les prêtres ne veulent pas immoler d'autres moutons que les miens, sur les autels qui fument, aux grandes fêtes de l'année.

— Et ton père est vieux?

— Vieux et cassé, avec cinq ou six maladies chroniques au moins, dont la moindre est mortelle.

— Tiens! voilà ma bouche, mon doux Ménalque, et sois sûr que je t'aimais depuis longtemps.

Ménalque faillit s'évanouir dans cette caresse imprévue. Tout le sang de son cœur lui montait aux lèvres pour ce baiser tant attendu.

— Viens dans le bois! fit-il d'une voix mourante à Glycère.

Glycère se leva, rayonnante de blancheur sous le premier effleurement de la lune, un parfum de jeunesse et de santé montant autour d'elle des herbes qu'elle avait foulées. L'heureux berger suspendit sa flûte à une branche de l'arbre témoin de cette première ivresse, et, tous deux, têtes penchées l'une vers l'autre, d'un pas égal et plein de langueur s'acheminèrent vers un fourré voisin qui bientôt les enveloppa de son feuillage sombre, les lucioles formant, autour d'eux, une ceinture de clartés vivantes.

II

Les suivrons-nous dans ce délicieux retrait où ils devaient boire, dans la même coupe, l'oubli divin de toutes choses? Les géographes de la Mythologie ne nous ont pas dit où courait l'eau bienfaisante du Léthé. J'imagine que c'était le long des rives fleuries de roses de l'île de Gnide consacrée à Vénus. Car l'amour seul donne ce repos exquis de la mémoire d'où l'idée bondit vers le ciel nouveau des voluptés inconnues. Abandonnons l'un à l'autre ces enfants, et au mystère attendri du bocage où se mêleront leurs tendresses comme deux ruisseaux qui se fondent en un seul cours où le ciel semble descendre deux fois, où l'on dirait que se double le nombre de ses étoiles. Respectons le secret de cette oaristis autour de laquelle les oiseaux eux-mêmes se sont tus et les sources ont suspendu leur murmure. Laissons-les rêver à deux, sous le coin de firmament clair encore, demeuré au-dessus de leurs têtes, tandis que le voile d'hyacinthe sombre, tendu à l'horizon occidental, montait, de plus en plus, sur la mer plus frémissante où le vol des mouettes mettait des frissons d'écume en passant.

Suivons plutôt le berger Amintas dont nous n'avons pas parlé encore. Celui-là aussi était un soupirant de Glycère, et il mourait de jalousie en voyant que Ménalque lui était préféré. Sournoisement, des pensées mauvaises au cœur, il suivait, sous l'ombre, les deux amants dans leurs moindres rencontres. Blotti derrière un roc aride, il avait entendu les deux chansons de Ménalque et avait vu les deux heureux de son bonheur volé se diriger tendrement vers la forêt hospitalière. Il était fou de colère, et, tumultueux comme le ciel où se hâtaient les nuages en s'éparpillant comme une pelletée de suie, il méditait des vengeances effroyables. Il n'avait pas perdu le mouvement du berger suspendant sa flûte au tamarin, sa flûte qu'il y reviendrait chercher certainement avant de s'éloigner avec sa douce proie. Le plan du misérable fut vite conçu. Après avoir retiré ses vêtements, — car il était fort avare et craignait de les déchirer aux branches, — il grimpa dans l'arbre, muni d'un énorme galet qu'il avait été chercher sur la grève, et décidé à le lâcher sur la tête de Ménalque, quand celui-ci serait à sa portée.

Que pensez-vous de ce misérable ? Mais qu'attendre d'un homme qui haïssait la musique et qui, de tous les dieux de l'Olympe, avait choisi le dieu Eole pour son unique adoration. Injurieusement athée à l'endroit de tous les autres, il n'éprouvait de ferveur que pour cette bruyante et stupide divinité. Il riait du char de gloire d'Apollon, raillait les foudres divines de Jupiter, tenait le vaillant Mars pour un imbécile, faisait la nique à Pluton. Eole, seul, Eole, recevait son encens sous forme de cumin. — Car on sait que cette plante carminative et rivale de l'anis, dont il est parlé souvent dans Théocrite, était consacrée au sonore souffleur des aériennes tempêtes à travers l'immensité retentissante des cieux.

Ce jour-là, après le sacrifice, et toujours fidèle à ses sordides traditions, notre Amintas s'était fait un potage avec les restes de l'offrande, si bien qu'une outre se recueillait en lui, durant qu'il méditait le sombre projet que vous savez.

En s'installant entre deux branches solides, fort peu au-dessus de celle où la flûte s'était accrochée, et qui était plus flexible infiniment, il avait jeté un méchant regard au pauvre instrument et l'avait apostrophé dans ces termes méprisants :

— Sale paquet de trous! je veux que le feu du du ciel me consume si jamais ton insupportable musique vient frapper mon oreille.

Et il jura par Eole, pour donner plus de solennité à son serment.

III

Comme une mer au reflux, tout ce qui restait encore, dans le firmament, de bleu et de semé d'étoiles, s'était retiré vers les invisibles infinis, derrière les rives de l'horizon, aux abîmes éternels où les clartés se retrempent, comme des épées, pour déchirer, de nouveau, les ombres. Le vent intrépide qui soufflait sur la mer y avait couché les horreurs troublées d'une nuit traversée d'éclairs, et les tonnerres roulaient dans l'étendue, heurtant comme des chars leurs roues d'où jaillissaient de longues étincelles. Des langueurs essoufflantes flottaient dans l'air, précédant les premières gouttes d'une pluie tiède et chargée d'électricité.

Ne tremblez pas pour nos deux amants. Diane n'a quitté le ciel que pour veiller sur eux, toujours pitoyable aux enfants de la terre, depuis qu'elle a vu dormir Endymion sur les fougères constellées d'hyacinthe et de crocus. Dans un petit temple de marbre qui lui était élevé, au centre même du bois, dans un quadruple rideau de verdure où se viennent abattre les colombes, elle a donné asile à Ménalque et à Glycère, et la sainteté du lieu n'a pas troublé la ferveur de leurs expansions. Comme un secret révélé change souvent les dispositions de l'âme ! Glycère ne pense plus à la maison fleurie du berger, ni à son troupeau nombreux, ni à l'âge de son père. Elle trouve que le don qu'elle a fait porte en soi-même sa récompense et volontiers regretterait-elle de n'avoir elle-même aucun bien pour payer les caresses qui défaillent sous l'excès même du bonheur. O chaste et trop clémente Diane, virginale déesse qui n'as connu de l'amour que le sommeil d'un berger, que sa retraite terrestre et délicieusement préparée pour un aimable sacrilège ! Ce n'est plus la chanson presque guerrière des chasseresses qui te célèbre, ni le cliquetis du carquois sur leurs belles épaules blanches, ni l'appel des molosses éventrant les hautes herbes pour y traquer le cerf éperdu, ni l'hymne mystique des prêtres adorateurs de la Lune, mais la musique criminelle des baisers et l'haleine des soupirs extasiés !

A ceux-là qui s'aiment, là où il est interdit de s'aimer, qu'importe l'orage qui secoue la forêt et l'effeuille, le vent qui clame sur la mer qui claque comme un drapeau qu'on agite, l'effarement des êtres dans la convulsion des choses, sous l'aile tourmentée de la nuit !

Mais ceux en qui quelque mauvais dessein, quelque remords peut-être déjà, veille, ne sont pas faits pour goûter cette indifférence sublime, cette inconscience recueillie et délicieuse, cette sérénité dans le repos. Aussi le triste Amintas commence-t-il à croire que c'est contre lui que s'est déchaînée la nature. Toujours sur son arbre que la tempête fouette à le déraciner, il subit, plein de terreur, l'effroyable va-et-vient des branches auxquelles il est accroché. Telle la pomme quand le pied brutal du manant secoue le tronc du pommier. N'oublions pas d'ailleurs qu'il est nu et que la pluie, mêlée de grêle, le cingle horriblement aux flancs qu'il ne peut défendre. Est-ce l'angoisse qui précipite, en lui, l'effet du cumin dont il s'est gloutonnement repu après le sacrifice ? Mais il lui semble qu'une tempête se lève aussi au-dedans de lui. Des souffles mystérieux le boursouflent douloureusement. *Mens agitat molem;* un esprit lui laboure les entrailles et son ventre tendu tressaille sous une intérieure pression. Il faut livrer passage à cette haleine qui l'étouffe. Il ouvre à cette vapeur une fenêtre sur l'immensité que la foudre sillonne. Mystérieux hasard. Secouée aussi et balancée tumultueusement par son flexible appui, la flûte de Ménalque vient effleurer successivement de ses sept trous, dans une caresse furieuse, la fenêtre que je veux dire, au moment où le vent s'y engouffrait. Les sept notes vibrent immédiatement dans les sept roseaux, reliés en une plainte indignée et sonore.

En même temps, un grand sillon rayait et Ménalque tombait foudroyé.

Eole avait entendu son serment.

Quand la tempête se fut envolée sur ses ailes noires et fumantes, Ménalque souriant et soutenant, sous l'épaule, Glycère souriante, s'en vint chercher sa flûte au tamarin rasséréné. Mais quand il voulut jouer dessus la fanfare du triomphe, il se trouva que deux notes avaient été faussées.

Ceci prouve que, quand on a une flûte de prix, il ne faut jamais laisser un maladroit jouer dessus.

PETITE SUISSE

PETITE SUISSE

I

.... Et sur l'azur profond du ciel, neigeuse et bien pareille au sein triomphant d'une vierge, la Yungfrau montait, portant à la cime une rougeur ensoleillée semblable à la morsure d'un baiser.

— Ouf! fit mon ami le major Guignevesse.

Et la jolie baronne Vessedebringue, se penchant vers moi :

— Vous n'avez jamais été en Suisse, Armand?

— Non baronne, lui repondis-je. Les horloges à

musique m'ont gâté ce beau pays. Je ne saurais m'imaginer ces paysages montueux portant des lacs suspendus au-dessus des abîmes, sans un cadran s'y trouvant tout à coup. Telle la lune, au travers des nuées qu'elle dissipe soudain. Si c'était encore la vôtre, baronne...!

Un coup d'éventail sur les doigts m'avertit que j'avais été un peu loin.

— Moi, fit l'aimable comtesse Ventejoli, je ne peux non plus souffrir ce pays où les parents mettent les pommes sur la tête de leurs enfants. Vous ne m'y feriez pas manger du dessert pour un empire.

Mon vieux compagnon Jacques, qui n'avait rien dit encore, prit, à son tour, la parole avec quelque solennité :

— S'il faut tout avouer, belles dames, fit-il, moi non plus je n'ai jamais visité l'Helvétie, bien que j'aie écrit tout un volume dessus. Mais Paris ne possède-t-il pas une Suisse en miniature dont l'étude m'a dispensé du voyage?

Et comme nous le regardions étonnés :

— Quel est l'élément essentiel d'une Suisse bien comprise? le chalet. Eh bien. Paris possède un nombre considérable de chalets situés, pour la plupart, dans des jardins publics, par conséquent, entourés de nature. Ce qu'on y entend n'est pas précisément, j'en conviens, le ranz des vaches, ni l'ouverture de *Guillaume Tell*. Mais enfin, ils sont habités et reçoivent constamment des voyageurs. L'hospitalité n'y a rien d'écossais, ce qui est encore un point commun avec la vraie Suisse. Mon goût pour la flânerie studieuse, qui est le fond de la vie parisienne, m'a permis d'étudier de très près les mœurs des hôtes sédentaires, aussi bien que des visiteurs nomades de ces jolies maisonnettes. J'y ai recueilli des mots philosophiques et curieux que j'ai notés au hasard. Voulez-vous que je vous initie à mon érudition ?

— Singulier sujet de conférence ! murmura la baronne Vessedebringue.

— Bah ! Ça fait rire quelquefois ! conclut la comtesse Ventejoli, en cachant son frais minois rose derrière son éventail.

Et Jacques, qui a toutes les audaces, poursuivit.

II

Ceux qui se veulent rendre compte du mouvement dramatique peuvent écouter fructueusement les confidences que les dames proposées à la garde de ces temples, échangent entre elles quand elles voisinent. Ainsi ai-je eu la bonne fortune d'entendre récemment celle du canton du Châtelet conférant avec celle du canton de l'Opéra-Comique.

— La féerie est un genre mort, disait la première. Avec les dernières représentations de la *Chatte blanche* nous ne faisons plus rien ; madame Thérésa nous avait donné un peu d'élan, mais ça été vite fini.

— Si je n'avais pas eu le *Roi d'Ys*, répondait la

seconde, je crois que je n'aurais plus qu'à manger mon fonds. Et dire que M. Lalo a mis tant de temps à percer! Est-ce assez malheureux pour nous?

— Ne me parlez pas de l'hiver, ma chère. En hiver, on croirait que les femmes sont plus disposées. Eh bien, non! pas du tout. Une fois qu'elles ont mis leurs lourdes fourrures au vestiaire, elles ne veulent plus les en retirer avant la fin, pour venir nous voir. Elles préfèrent garder ça toute la soirée. Et cependant tout le monde sait combien c'est malsain!

— Parlez-moi des enfants aux matinées. Avez-vous remarqué comme moi, madame Purgerot? Ils nous arrivent tous au premier entr'acte. On s'est tant pressé pour le départ, leur impatience a été telle que tous ont oublié de prendre leurs petites précautions. Les chérubins! Comment peut-on ne pas aimer les enfants!

— Le fait est, madame Vieuxgardé, qu'ils valent joliment mieux que les hommes. Est-ce qu'on ne vous a jamais dit des impertinences, depuis que vous exercez?

— Il y a des gens si mal élevés! Tenez, l'autre jour, c'était à un concert de M. Colonne; il y avait presse. On prenait positivement les places d'assaut. Un monsieur était depuis longtemps debout devant la porte. C'est un timide, pensais-je; et, prenant pitié de lui, je vins le prévenir gracieusement qu'il y avait un fauteuil libre à mon contrôle. Il m'a répondu brutalement: il y a longtemps que c'est fait dans mon pantalon!

— L'horreur! C'est moi qui qui en mouché un,

l'autre jour, un de ces impertinents. Mon neveu, le Marseillais, venait dîner avec moi, sans façons, à la fortune du pot, comme on ne l'aura jamais mieux dit. Je lui avais fait de la morue à la provençale, un soupçon de morue dans un champ d'ail. Je sais bien qu'il y a des personnes qui n'aiment pas cette odeur. Mais ce n'est pas une raison pour s'écrier en entrant, comme l'a fait ce Monsieur, dans une maison honnête : — Sapristi ! que ça sent mauvais ici ! — Vous m'étonnez, monsieur, lui ai-je répondu vivement car on n'y fait rien de malpropre.

— Croyez-vous que l'Exposition nous fera du bien, dans les théâtres ?

— Sans la tour Eiffel, oui. Mais voilà ! il y a la tour Eiffel qui en possédera à tous les étages. Et, vous savez l'esprit vantard du monde. Il y aura un tas d'imbéciles qui aimeront à faire les choses de haut pour s'en vanter ensuite, à table, dans leur pays.

— En attendant, madame Purgerot, l'art dramatique est bien malade.

— J'en sais quelque chose, madame Vieuxgardé. Au Vaudeville même les nouvelles sont navrantes ; nous ne pouvons plus compter sur les pièces de M. Sardou !

Et Jacques reprit un instant haleine.

III

Ce que vous ignorez, sans doute encore, continuat-il, c'est que les différents cantons de cette Suisse

Parisienne ne sont pas également recommandables aux personnes d'un tempérament délicat. Tous ne peuvent pas être conseillés également aux personnes ayant un traitement à suivre. Une confidence vraiment touchante à ce sujet. C'était dans le joli square de la Trinité, non loin du large bassin où se mire l'Église : le chalet ne contient que peu de chambres. J'attendais qu'un voyageur quittât la sienne pour m'y installer. Celle qui devait prendre ce soin, une fort jolie personne, ma foi, mais un peu pâlotte et souffreteuse, avec quelque chose de très doux et même d'un peu mélancolique dans les yeux, toussait à fendre l'âme. On était au printemps nouveau qui réveille, à la fois, les sèves vitales et ranime les ferments mortels. Un frisson de verdure montait seulement aux arbres, et les flèches d'émeraudes des bourgeons se piquaient à peine aux branches encore noires, tandis que, dans la rue, deux petites charrettes voiturant des muguets et des narcisses passaient dans une buée grisante. Et la pauvrette toussait, toussait! — Vous paraissez bien enrhumée, mademoiselle, lui dis-je. Elle me répondit tristement : — Oh! oui, bien enrhumée. C'est même pour cela qu'on m'a mise ici, où l'air est meilleur qu'au square Montholon, où j'étais auparavant, et où le vent me faisait mal. On sera peut-être obligé de m'envoyer au Luxembourg.

Et c'est ainsi que j'appris que cette Suisse parisienne avait des stations thermales et des séjours recommandés aux malades, comme tous les pays qui se respectent maintenant, voire le Tonkin lui-même où l'on vient de découvrir des sources sulfureuses aussi efficaces que les nôtres et où peuvent se rendre ceux qui n'ont pas le temps d'aller à Enghien.

IV

— En voici assez sur ce sujet, maître Jacques, fit la jolie baronne Vessedebringue, et il serait vraiment temps de parler un peu d'amour.

— Pas aujourd'hui, baronne, répondit Jacques. Je ne me sens pas en voix et ce sont des choses dont il ne faut parler que lorsqu'on pourrait mieux faire. Une seule anecdote et je n'y reviendrai plus.

C'était donc dans un de ces chalets où je viens de vous promener à travers la capitale. Madame la Préposée avait sur les genoux un marmot de deux ou trois ans qui piaillait comme une pintade : Hi! hi! hi! hi!... faisait l'abominable gosse. Et la pauvre femme de faire de son mieux pour le calmer. — Voyons! mon mignon! Tais-toi; sois bien sage!

— Hi! hi! hi! hi! répondait l'obstiné petit hurleur.

Et elle le faisait sauter sur ses genoux en cadence pour le distraire. — Sois donc sage! répétait-elle, sois donc sage!

Puis, tout à coup lui montrant une cabine où le baigneur venait de s'introduire :

— Tiens! écoute le monsieur!

A bientôt une histoire d'amour.

LE FAUX NEZ

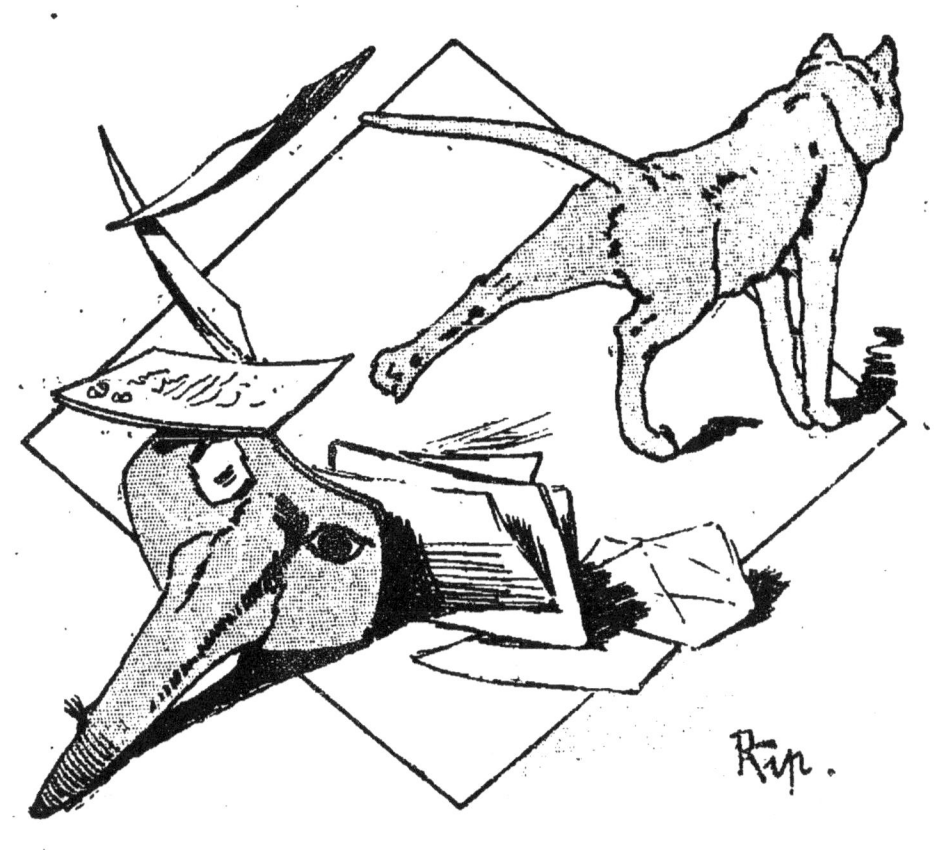

LE FAUX NEZ

I

Vous ne vous êtes jamais demandé, sans doute, quel était le comble de la prévoyance pour un peuple laborieux? Eh bien, je vais vous le dire. C'est de renvoyer toutes les fêtes au dimanche qui les suit, pour ne pas perdre un jour de travail. Nos voisins de Belgique en donnent un bel exemple. Chez eux, la Mi-Carême ne se célèbre pas le jeudi, mais trois jours après seulement, à la faveur des vacances dominicales.

Mais aussi quelle Mi-Carême! Ce n'est pas seulement une cinquantaine de blanchisseuses en rupture de lavoir qui s'y montrent, ce jour-là, comme à Paris, sur les promenades. Des milliers de masques se répandent par Bruxelles, des batailles de fleurs y jonchent le sol des boulevards, une immense gaieté emplit la ville de chants et de rires. On danse sur les places, en attendant que les bals ouvrent leurs portes. A travers les cafés regorgeant de monde, tous les cortèges du jour s'égrènent le soir, et c'est une série d'imbroglios, d'intrigues rapides, de connaissances improvisées, comme au bon temps du bal de l'Opéra, avant que MM. Ritt et Gailhard, si bien imités maintenant par M. Paravey, aient élevé la tristesse, en France, à la hauteur d'une institution.

Car, n'en doutez pas, l'immense mélancolie qui plane sur Paris nous vient de ces calamiteux directeurs de nos scènes lyriques, qui ont rendus lamentables même les endroits où l'on chante par destination. Si l'Opéra-Comique persévère dans ces traditions funèbres, attendez-vous à voir les habitants de la place Favart faire une pétition pour qu'on ne le reconstruise plus dans leurs environs.

En attendant, vive les peuples qui savent s'amuser encore! C'était merveille, vous dis-je, de voir le boulevard Anspach transformé en une mer humaine, houleuse et bruyante, d'où, comme des navires, émergeaient les faîtes couronnés des chars, fendant à grand'peine cet océan de têtes, leurs chevaux se cabrant comme des vagues et les drapeaux aux couleurs nationales se gonflant comme des voiles. Et cette grande rumeur joyeuse avait lieu tout près de l'admirable place où l'on restaure la maison du Roi qui vit passer Egmont allant au supplice, où tout redit les traditions augustes de la liberté reconquise, où tout cœur épris d'indépendance bat plus fort, comme fouetté par les héroïques souvenirs.

Le canon tonne, comme aux jours glorieux de la délivrance. Les uniformes démodés qui ont été troués de balles, en 1830, sont devenus de ridicules défroques au dos des déguisés et l'envie vous prend cependant de les saluer au passage. Des lambeaux de légende libératrice traversent ces grandes secouées de légende populaire. On y sent une nation jalouse de ses droits en même temps que respectueuse de ses institutions, et c'est un triste retour sur nous-même que cette impression nous impose.

Ce n'est pas cependant votre Constitution que je vous envie, chers et hospitaliers voisins dont l'art est demeuré le plus noble souci, c'est le bon rire qui détend encore vos lèvres et l'ivresse honnête qui gonfle vos poitrines, et ce bon vin de Léthé que vous savez boire, quand il le faut, pour oublier les soucis du lendemain! Est-ce donc dans ce coin du monde où notre langue est parlée, que s'est réfugié tout ce qui reste du cœur joyeux de la France d'autrefois, de la France de Rabelais, de Montaigne et de Voltaire? C'est peut-être parce qu'il n'y a plus qu'en Belgique qu'on boive encore des vins français authentiques! Vins d'exilés qui, à nous aussi, nous donnent, au passage, un éclair de la gaieté d'antan!

L'admirable spectacle, vraiment, que la Mi-Carême à Bruxelles!

II

M. Van den Pétasse, huissier de son état, s'était promis de s'amuser beaucoup ce jour-là, mais sournoisement, en homme à qui la franche joyeuseté n'est pas permise, parce qu'il passe son existence à embêter ses contemporains. Ayant raconté à sa femme qu'il dînait au syndicat de sa corporation, qui fête la Saint-Protêt probablement, à la même date, il avait été acheter, dès la veille, un faux-nez gigantesque, une véritable tour Eiffel en cartonnage rouge comme une carotte et hérissée de verrues verdoyantes, quelque chose d'horrible et d'affreusement pointu. Son plan, pour s'amuser, était le plus simple du monde. Ce symbole d'alibi dans la poche, il se promènerait dans la foule; mais, en entrant dans les cafés, où il risquerait d'être reconnu par quelque débiteur rancunier, il engouffrerait ses narines dans ledit appendice et pourrait ainsi, sans compromettre sa détestable profession, pincer tout ce qui lui plairait dans les maillots bien garnis des bachelettes costumées, celle-ci en bergère, celle-là en ballerine, cette autre en laitière, et cette quatrième en génie de féerie. Car je ne vous apprendrai rien en vous disant que les opulentes filles du Nord, où le divin Rubens a pris ses modèles, sont délicieusement potelées et bien pourvues de pétards glorieux, liliaux et charnus, faits pour les délices des consciences honnêtes. Dieu mette sur votre route, compagnon, quelqu'un de ces lumineux derrières brabançons, et la poétique étoile des mages et des bergers pourra passer dans votre ciel sans vous donner plus de distraction qu'un discours politique à la Chambre. Heureuses les toiles d'Ixelles et heureux les draps de Louvain qui enculottent et qui enjuponnent ces jolis morceaux d'humanité, ces fessiers redondants et authentiques, ces belles médailles de la lune, les seules que, comme antiquaire, j'eusse recherchées sérieusement ! Se frotter à toutes ces succulentes formes en liesse était donc le rêve de notre huissier, et tout cela incognito, ni vu ni connu, dans un lâche et rassurant mystère. Mon Dieu, que je hais les gens qui n'ont pas le courage de leur opinion !

Et, sur sa table à dossiers meurtriers et crasseux, il avait posé le faux-nez, sous un petit amoncellement de papiers odieusement timbrés, ne se doutant guère que sa femme viendrait rôder par là. Car les femmes de Bruxelles ont encore cet avantage sur les nôtres de s'occuper infiniment moins des affaires de leurs maris.

III

Et, cependant, par une étrange fatalité, madame Van den Pétasse, — un Rubens vivant, une coulée de lait sous un effeuillement de roses et sous un éparpillement de rayons d'or — non ! avouons-le : par un caprice inattendu, s'en vint au bureau de son époux absent, pour voir s'il n'y aurait pas laissé, par mégarde, traîner quelque menue monnaie. Elle avait sur l'épaule son perroquet favori Perkins; et son petit chat Miaou, un jeune angora délicieux, la suivait, — vous entendez bien? la suivait. L'image ne prête ainsi à aucune imagination licencieuse. J'ai si grand'peur de chagriner la pudeur de qui que ce soit!

Brrr.. un coup d'aile maladroit du perroquet disperse l'échafaudage de papiers qui couvrait le nez postiche. Madame Van den Pétasse aperçoit l'objet et, tout de suite, avec sa perspicacité de femme jalouse, devine l'usage que son mari en devait faire le lendemain.

Notez, en passant, qu'elle-même avait des projets, mais de toute autre nature. Un bel officier de grenadiers devait venir lui tenir compagnie durant que son mari serait absent, comme il l'avait annoncé. Vous me direz que c'est pain bénit et même brioche bénite que voir un huissier cocu par le fait d'un militaire. Tout pour l'armée, mes enfants, et à bas la basoche! Vive ceux qui nous défendent et à bas ceux qui nous ruinent! Je ne dirai pas comme dans la vieille chanson :

> Grenadier, que tu m'affliges.

mais, au contraire : grenadier, que tu me fais plaisir! N'empêche que madame Van den Pétasse avait un rude toupet de se montrer exigeante avec son époux. Mais rien ne marche mieux de pair, dans l'illogisme féminin, que la jalousie et l'infidélité.

— Attends! attends un peu! dit-elle.

Et elle chercha ce qu'elle pourrait bien mettre dans le faux-nez pour causer une surprise désagréable à celui qui le porterait. Elle se décida pour le contenu d'un cendrier qui se trouvait également sur la table et où l'huissier avait accumulé les débris calcinés de ses cigares. Ce qu'il éternuerait quand cette poudre puante pénétrerait dans son vrai nez! Elle en riait à l'avance comme une folle. Enchantée de son invention, elle sortit précipitamment après avoir remis le corps du délit en sa première place.

Elle sortit si précipitamment qu'elle referma la porte sur le nez du pauvre Miaou, le petit chat qui, dans cette circonstance, entre autres, avait tort de ne pas être devant elle. Miaou fit une musique diabolique pour se faire ouvrir, mais on ne l'entendit pas. Alors, avec la fantaisie de son âge et de son espèce, il se mit à jouer parmi les dossiers de l'huissier, jusqu'à ce qu'il lui vint une petite colique, sans doute parce que l'odeur même de ces paperasses-là est déjà, par elle-même, purgative. Or tout le monde sait que, même tout jeune, le chat est propre jusqu'à la minutie, ce en quoi il diffère absolument des jeunes toutous. Miaou se mit à quérir très anxieusement et en riboulant des yeux jaunes étoilés, un petit water-closet félin où il pût dérober aux hommes le spectacle de ses nécessités. Tout le monde sait encore que la cendre a la propriété d'attirer les confidences intestinales des matous. Vous devinez le reste. C'est au fond du faux-nez, très ingénieusement dressé, comme un cornet entre ses jambes de derrière, que l'ingénieux Miaou déposa la noisette qui lui roulait indiscrètement dans le ventre depuis un moment déjà. Celle-ci s'engagea, solidement et en vertu des lois tutélaires de la pesanteur, dans la pointe du pif artificiel que le chat recouvrit de papiers épars, en grattant postérieurement, comme ont coutume de faire ces bêtes pour dissimuler la place de leurs vilenies naturelles.

IV

Grande cohue, dans un somptueux estaminet, autour de deux masques charmants qui défendent, à grand'peine, leurs fesses à coups d'éventail. M. Van den Pétasse se précipite, en enfilant son faux-nez :

— Hum! fait-il, quelle odeur épouvantable ici!

Et il sort, complètement désarçonné, dans son désir, par la bouffée qu'il avait respirée. Au grand air et délivré de son déguisement local, il se remit vite.

Foule plus grande encore dans un autre café, aux galeries Saint-Hubert, pour admirer et tâter une véritable escouade de canotières aux pantalons ultra-collants. M. Van den Pétasse fend le flot à grand'peine en réitérant sa mimique

— Nom d'un chien! fait-il. C'est encore pis que là-bas!

Et il se précipite pour boire, à narines nues, l'atmosphère du dehors.

Le souci de la fatalité commence à l'obséder.

Il risque cependant une troisième tentative, à

l'assaut d'une ravissante laitière qui ne pesait pas moins de trois cents et qui emplissait toute une brasserie. A peine le faux-nez arboré :

— Mais il n'y a donc, s'écrie-t-il enfin avec rage, ici que des cochons !

Le propos est mal pris par ses voisins. On bouscule M. Van den Pétasse. Son faux-nez est arraché par un imprudent qui secoue ses doigts avec horreur. L'huissier est reconnu par un godelureau dont il avait vendu les meubles après le mardi-gras. Le godelureau a des amis qui viennent à la rescousse. M. Van den Pétasse va passer un mauvais moment quand, par bonheur, le grenadier qui venait de coucher avec sa femme, et qui passait par là, vient à son secours et, en homme que les plaisirs n'ont pas amolli comme Annibal, l'arrache à ses agresseurs. Fou de reconnaissance, M. Van den Pétasse lui offre un bonékam et, malgré lui, le ramène chez lui manger des gauffres en buvant du lambic.

C'est madame Van den Pétasse qui n'y comprend plus rien.

Mais son mari la met au fait de l'aventure. Le grenadier viendra dîner maintenant tous les jours chez l'huissier. Son couvert est mis tous les jours sur la nappe… — et dans les draps, pense l'excellente madame Van den Pétasse, qui remercie Dieu dont la bienveillance à son endroit avait été visible dans cette occasion.

FANTAISIE TURQUE

FANTAISIE TURQUE

A Paul Arène.

I

Par ces temps moroses qui ne sont plus l'hiver et qui ne sont pas encore le printemps, où la pluie est traversée par les flèches cinglantes du givre, où le soleil, comme un convalescent, ne montre guère que son pâle visage sur l'oreiller boursouflé des nuées, que diriez-vous d'un court voyage en Orient, au pays où n'abdiquent jamais les splendeurs jumelles de l'azur et de la lumière ? Moi j'y suis tout à fait résolu, et j'abandonne, comme autrefois Horace la moitié de son âme au vaisseau qui emportait Virgile, ma plus belle feuille de papier au flot cœruléen de la Méditerranée ; sur ce frêle bâtiment j'embarque mon rêve, avec ma plume pour gouvernail, et nous voilà partis, tous trois, pour la terre d'Islam où les pointes d'or des minarets se mirent aux eaux toujours limpides des Bosphores.

Toujours sans nous quitter, nous nous arrêterons devant l'orientale et splendide villa du riche musulman Aboul-Tafès, et nous l'irons chercher jusque dans son jardin où il sommeille, en plein jour, devant une pastèque fortement ébréchée, en compagnie du curé Mahométan Ali-Boufar, livré, comme lui, aux indolentes délices d'une bonne digestion. A deux pas, souriant à voir les deux vieux assoupis et dodelinant de la tête sur leurs gros ventres, cucurbitacées dont leur visage ne semble qu'une verrue, la délicieuse Fatmina cueille aux arbres des oranges et mord à pleines dents — je devrais dire à pleines perles — dans leur chair vaguement ensanglantée. Une merveille de grâce, cette Fatmina, et bien dans la tradition de cette beauté puissante dont l'assiette naturelle est un bloc de marbre vivant. De ce socle magnifique, son buste de vierge jaillissait avec de suprêmes élégances, et, presque étroites bien que grassouillettes, ses épaules s'infléchissaient harmonieusement sous un cou aux reflets d'ambre dont une lourde chevelure noire estompait, de son ombre, les lumineux contours. Ses longues paupières avaient, sur les yeux très doux, un frémissement d'hirondelles qui se vont envoler et ses cils étaient presque bleus. Un imperceptible duvet veloutait le bord pourpré de ses lèvres. Mais ce qu'un poète seul eût pu dire, c'était la grâce divine de ses mouvements et le roulis, caressant à l'œil, de ses hanches inquiètes, l'ondulation exquise de sa croupe, qu'une vague tranquille semblait toujours bercer.

Un esclave abyssinien, maigre et modelé comme un vieux bronze, vint annoncer le vicomte Gaëtan Bistoquet de Beaudéduit. Aboul-Tafès et Ali-Boufar s'éveillèrent en un commun sursaut, comme si le même génie malin les eût pincés tous les deux à la fois, et la belle Fatmina, qui était la modestie même, comme la grecque Galatée, sa sœur d'antan, disparut derrière les feuillages, en ramenant sur son noble visage une gaze légère où couraient d'imperceptibles étoiles d'or.

Et les souffles méridiens tièdes et chargés de puissants aromes, mettaient, dans l'air vibrant de clarté, comme une griserie de fleurs lointaines.

II

On ne réalise pas une grande fortune sans un grand fond de politesse. Aboul-Tafès, qui faisait encore le commerce lui-même, accueillit l'étranger avec une courtoisie parfaite. Le nom du vicomte Gaëtan Bistoquet de Beaudéduit ne lui était d'ailleurs pas tout à fait inconnu. Les folies de ce jeune millionnaire avaient fait du bruit jusqu'à Constantinople. Les prodigues sont gens à qui il est particulièrement agréable d'avoir affaire, quand on a quelque chose à leur vendre. Les premiers saluts échangés, c'est donc sous la forme de langage la plus aimable et la plus imagée que le vieux marchand demanda au nouveau venu le but de sa visite.

Celui-ci n'y alla pas par quatre chemins :

— Seigneur Turc, fit-il d'une voix tranquille, j'adore votre fille Fatmina, et je viens vous demander sa main.

— Allah ! s'écria le vénérable Ali-Boufar !

— Vous voulez plaisanter, sans doute, jeune homme, répondit avec calme Aboul-Tafès, et vous oubliez que vous êtes chrétien.

— Qu'à cela ne tienne ! reprit véhémentement le gentilhomme.

— Comment ! qu'à cela ne tienne ! Espérez-vous que je ferai une chrétienne de mon enfant ?

— Je l'eusse préféré certainement. Mais puisque vous ne semblez pas disposé à me donner le choix, c'est moi qui me ferai musulman.

Le vénérable Ali-Boufar eut un éclat de rire aigu comme si une girouette lui eût tourné dans le gosier.

— Pauvre Roumi, fit-il avec une compassion dédaigneuse, tu ignores, sans doute, comment se pratique le baptême dans notre sainte religion ?

— Je le sais à merveille.

— Et tu ne crains pas ?

— Quoi ?

— Mais... de t'enrhumer. A ton âge !

— Cela me regarde. D'ailleurs, je fais de l'hydrothérapie depuis mon enfance. Une légère fraîcheur sur le cou, comme disait l'excellent docteur Guillotin.

— Monsieur le vicomte, reprit gravement Aboul-Tafès, il vous reste bien encore un million, n'est-ce pas ?

— Un million et demi et des espérances. Un oncle cacochyme et une tante paralytique.

— Eh bien alors, jeune homme, permettez-moi de conférer un instant avec ce vieil ami de la famille, avant de répondre à une demande dont je suis, en principe, infiniment flatté.

Et l'opulent commerçant, prenant par le bras l'auguste prêtre, tous deux s'éloignèrent pour causer à voix basse, tandis que le vicomte allumait tranquillement une cigarette. Dans les fumées bleues du tabac, lui apparut bientôt, multipliée à l'infini, la silhouette charmante de Fatmina, qu'il avait seulement entrevu au sortir de la mosquée, et dont il était devenu follement amoureux, l'imagination et la fantaisie étant les seuls guides qu'il eût jamais acceptés ici-bas.

Puis, l'entretien des vieillards se prolongeant, il en conçut quelque inquiétude, et, sournoisement, derrière les verdures, il se rapprocha d'eux, de façon à pouvoir suivre, à peu près, sur leur pantomime, le cours de leur conversation. Il se convainquit bientôt que Aboul-Tafès hésitait beaucoup, mais que Ali-Boufar lui était favorable, le fanatisme de celui-ci s'enorgueillissant à l'idée d'une conversion éclatante, et l'islamisme ne pouvant recueillir qu'un nouveau relief, dans le monde européen, de la conquête d'un chrétien dont les ancêtres avaient autrefois rapporté la gale des croisades.

Enfin les deux hommes revinrent là où ils l'avaient laissé.

— Chien de chrétien, lui dit avec douceur Aboul-Tafès, il sera fait comme tu le souhaites, mais à la condition que tu as acceptée. J'ajouterai que ton baptême, suivant nos rites, devra avoir lieu avec une solennité extrême, dans une fête que je donnerai à cette occasion...

— Je n'aime pas le monde et je ne tiens pas à la publicité, hasarda le vicomte inquiet.

— Je ne me contenterai pas d'un simple ondoyement, comme vous dites, vous autres, infidèles, poursuivit Aboul-Tafès avec gravité. Je veux que ton abjuration soit publique et publique ton entrée sous l'étendard de notre sainte foi. Permets-moi de te présenter le prêtre vénérable qui te conférera le glorieux état de musulman et coupera, en toi, jusque dans sa racine, l'arbre délétère de l'erreur.

Cette dernière image, toute orientale, fit faire la grimace à M. Bistoquet de Beaudéduit. Il jeta un mauvais regard sur Ali-Boufar qui tranquillement, pendant ce temps, comme nos pioupious français en promenade, tailladait une branche avec son petit canif. Puis, enfin, d'un air de résolution résignée :

— Faites les invitations, beau-père, et topez-là !

Les deux vieux l'embrassèrent avec effusion, l'appelèrent : mon frère ! et se retirèrent pour organiser, à brève échéance, la petite fête qui devait réjouir, dans les psychiques azurs qu'elle habite, l'ombre immortelle de Mahomet.

III

Un magnifique raout avec souper et danses de bayadères. Ali-Boufar, dans ses plus beaux vêtements sacerdotaux, se promène comme le personnage important de la journée. Toutes les femmes sont voilées au visage, mais leurs beaux seins et leurs hanches superbes ondulent délicieusement sous les transparences jalouses des étoffes. C'est la tentation de Saint-Antoine dans un nuage de vapeurs rosées, comme ces jolis brouillards où passe l'adieu du couchant. Bien que la belle Fatmina fût demeurée, comme il convient à une vierge, dans ses appartements où fument le cinname et la myrrhe, jamais autant de pensées malséantes n'avaient assailli l'âme d'un fiancé. Le vicomte, absolument grisé par tous ces coins de chair entrevus, par toutes ces formes exquises devinées, errait, l'œil ardent, comme un jeune cerf, au temps des ardeurs printanières, l'âme secouée par le souffle inexorable des amours infinies.

Cependant le moment solennel du baptême était venu.

Imbu de littérature française, le savant Ali-Boufar, pour flatter son jeune client, avait même déjà réédité le mot célèbre : courbe la tête, fier Sicambre !...

Puis, il s'était arrêté, comme si le fier Sicambre n'avait pas obéi.

L'attention était générale, surexcitée et silencieuse. Bientôt des chuchotements et même quelques éclats de rire irrévérencieux en traversèrent la solennité. On se parlait à l'oreille et les dames ramenaient plus épais leurs voiles sur leurs yeux.

Aboul-Tafès et Ali Boufar tenaient conseil avec une grande expression d'embarras sur le visage.

— Attendons un peu ! soupira le curé turc.

Mais Aboul-Tafès, au comble de l'impatience et comprenant le ridicule de la situation, se frappa le front comme s'il y poussait une idée de génie. Allant droit à sa sœur, la vénérable Féridgé, tante de Fatmina, il lui parla tout bas et la décida à venir prendre par la main le vicomte qui se laissa entraîner, sans résistance, dans la profondeur mystérieuse des appartements. Quelque dernier acte de contrition à imposer au néophyte, sans doute.

On passa des sorbets et on fit un tour de danse en attendant ; mais tout le monde se pinçait les lèvres, ce qui est possible encore pour danser, mais affreusement incommode pour manger.

Quand le vicomte reparut, un grand air de rassérénement sur la face, comme si les lumières de la vraie foi l'eussent soudain illuminé, Ali-Boufar reprit le cours de ses mystagogies. Le fier Sicambre avait fait amende honorable. Ce fut un magnifique baptême.

IV

Il y avait bien trois heures qu'on s'était remis à danser et à manger des sorbets, après la cérémonie, quand tout le monde s'aperçut que la vénérable Feridjé n'avait pas reparu dans les salons.

Inquiet de sa sœur, qu'il aimait d'autant plus qu'il avait perdu sa propre femme, et que Feridjé avait élevé sa Fatmina, l'excellent Aboul-Tafès, accompagné du saint Ali-Boufar qui, malgré les prescriptions du Prophète, avait bu un petit coup, s'en fut à la chambre de la noble dame, et l'y trouva tranquillement étendue sur un canapé, dans une attitude de voluptueuse rêverie.

— Eh bien! ma sœur, pourquoi n'êtes-vous pas encore venue chercher mes remerciements pour le service que vous venez de nous rendre.

Elle répondit d'une voix presque ingénue :

— J'attendais encore, pensant que ce bon jeune homme aurait peut-être besoin de nouveaux conseils.

Et ses yeux, chargés de langueur, se levèrent vers la première étoile qui déchirait, de sa pointe d'or scintillante, les sombres et flottantes draperies de l'azur.

AMOURS POLAIRES

AMOURS POLAIRES

I

Sur les plaines blanches et sans fin du Lappmarck que borde en se déchirant, la rive glacée de l'Alten hérissée de blocs tumultueux s'irisant à la lumière décadente, le couchant traîne de longues lumières rouges pareilles à des lambeaux de pourpre ou à des ruisseaux de sang. De topaze au Zénith, le ciel devient de cuivre en descendant vers l'horizon et les pins y dressent comme les innombrables mâtures d'une flotte lointaine. Sur la neige durcie, le pied en as de pique des rennes a semé d'inféconds empreintes et, dans le grand bois occidental qui filtre une vapeur de rubis, incendié qu'il est, par derrière, par le soleil en sa chute ardente, la faim des loups nocturnes clame déjà. On n'est pas loin de Pitea, cependant, de Pitea, la ville sacrée, le berceau des lettres en Laponie et dont l'Université de Lyksele n'a jamais fait oublier l'antique éclat. Celui qui marche dans ce paysage désolé, sous la menace du froid qu'accroîtra l'ombre, emmitouflé d'une peau d'ours et secouant philosophiquement dans l'air la fumée de sa longue pipe, c'est notre compatriote Guy des Endeures, un Parisien pur sang, un boulevardier sans reproche, un exilé de Tortoni, un abonné de l'Opéra. Quel désespoir l'a conduit en ce mélancolique voyage aux confins du pôle? Ce n'est pas, comme vous le pourriez croire, celui d'un dilettante qui en a assez de la mauvaise musique des frères Ritt et Gailhard qui sont, j'en conviens, philharmoniquement parlant, deux calamiteux bonshommes. Non! c'est un chagrin d'amour qui avait conduit dans ces steppes de frimas, la fantaisie désespérée d'un gentilhomme qui croyait encore à l'amour. Voilà ce que c'est, mon pauvre garçon, que de se trop attacher à de simples demoiselles. Il est vrai que Léona, — ainsi se nommait l'infidèle, — avait tout ce qu'il fallait pour retenir un homme de goût dans des chaînes faites de chairs roses et fermes et délicieusement ponctuées de savoureux reliefs. Qui de nous ne s'est senti quelquefois irrévocablement captif de deux seins faisant, au-devant d'un torse poli, leur glorieuse sentinelle ; voire prisonnier sur parole d'un radieux pétard en deux volumes, — comme les œuvres de Camille Doucet — mais bien autrement divertissants, richement reliés de satin blanc et dorés sombrement sur la tranche ? Qui n'a abdiqué les austères délices de sa liberté aux pieds mignons, que borde, éburnéen bijou, la nacre d'un ongle rose ? Léona avait toutes ces beautés dominatrices, plus des talents de société particulièrement appréciables dans la société à deux et qui ne permettaient pas de l'oublier une fois connue. Un caractère d'enfer, d'ailleurs, et capricieuse ! Vous en allez juger, du reste. Sans rime ni raison, comme rimait Ponsard et comme pensait Scherer, le ridicule contempteur de Baudelaire, elle avait disparu, sans plus donner de ses nouvelles.

Guy l'avait cherchée partout où sa présence pouvait être simplement probable, aux courses, à Bougival. Il avait été jusqu'à Versailles. Partout l'écho avait refusé de répondre à sa voix. Nouvel Orphée, il avait chanté près des sombres rivages, mais sans en appeler cependant le batelier. Enfin, désespéré, ayant pris Paris en horreur, il avait sollicité du gouvernement une mission scientifique et s'était dirigé vers la mer polaire, un fusil et des cannes à pêche sous le bras.

Aussi le soir allait-il le surprendre, à quelques centaines de mètres d'ailleurs seulement de sa demeure où l'hospitalité lui avait été promise, celle du riche Hœgstrœm, possesseur de mines considérables à Svapparava, et qui était renommé dans tout le pays pour la façon luxueuse et courtoise, tout ensemble, dont il accueillait les étrangers.

II

Et, de fait, une demi-heure à peine après le moment où nous l'avons rencontré, sous les éclaboussures rouges du soleil brisant ses derniers rayons sur la glace, il frappait à la porte de son hôte et se voyait immédiatement entouré de soins exquis dans la maison. C'est que M. Hœgstrœm avait voyagé et qu'aucun des usages de la civilisation européenne ne lui était inconnu, bien qu'il fût personnellement fidèle aux coutumes des aïeux. Réchauffé devant un feu de sapin et ranimé par un verre d'hydromel des meilleurs crus, M. des Endeures était en train de remercier le généreux minier, quand la femme de celui-ci entra, à laquelle il fut immédiatement présenté.

C'était une beauté dans le pays que madame Hœgstrœm, mais dans le pays seulement dont elle portait férocement le type. Petite, boulotte, très brune, de grosses lèvres, elle ne rappelait que de fort loin le type glorieux des antiques Vénus. Pas une goutte de sang latin dans les veines qui semblaient rouler de l'encre et non du vin. Gracieuse et accueillante, au possible, par exemple, avec une pointe de polissonnerie dans l'œil et une ombre de provocation dans le sourire qui s'entr'ouvrait sur des dents de jeune loup, blanches et en flèches.

On dîna d'un délicieux filet de renne mariné et d'un salmis de gelinottes exquisement parfumé de genièvre. Puis on but des liqueurs très fortes en trinquant à la française. Puis le vénérable M. Hœgstrœm entraîna son convive ravi dans un coin du salon :

— Vous connaissez, cher hôte, dit-il à celui-ci, notre vieille coutume laponaise et vous savez que bien qu'ayant beaucoup parcouru le monde, je suis demeuré inébranlable dans l'auguste tradition ?

— Et vous avez raison, répondit M. des Endeures qui était vaguement légitimiste.

— C'est donc vous qui coucherez avec ma femme ce soir.

— Hein ! fit le jeune homme interloqué.

Puis, se ravisant et avec infiniment de politesse, il reprit :

— C'est trop d'honneur que vous me voulez faire, et je serais désolé de vous déranger !

— Vous auriez tort, mon jeune ami, et j'y suis habitué. Car je reçois beaucoup ici.

— Nous aimons beaucoup le monde, monsieur, ajouta madame Hœgstrœm, en prenant, de loin, part à la conversation, tout en minaudant derrière un éventail d'ollatrock.

Le refus devenait gênant pour Guy ; d'autant plus qu'il savait que c'était la plus sanglante injure qu'il pût faire à son hôte et une de ces injures qui ne se lavent que dans le sang.

— J'aurais dû m'adresser à un veuf ! pensa-t-il mélancoliquement.

12.

M. Hœgstrœm reprit, sur un ton parfait de bonhomie.

— Je fais cependant une concession aux préjugés conjugaux de votre patrie. Je ne resterai pas dans la maison, pendant que vous batifolerez avec mon épouse. Il y a là, en effet, quelque chose de choquant dans la simplicité hospitalière de nos mœurs et je blâme les maris lapons qui font eux-mêmes le lit dans cette circonstance et préparent l'eau des libations postérieures, ou bien qui se cachent dans la ruelle pour crier : Coucou ! au bon moment. C'est, à mon avis, pousser la courtoisie jusqu'à la servilité. J'ai, à quelques kilomètres d'ici, une villa où ma femme ne vient jamais par convenance, et où je me retire quand un étranger de distinction me fait l'honneur de coucher chez moi. Bonsoir, mon cher ami ! A demain, ma chère femme ! Je ne vous dis ni à l'un ni à l'autre : bonne nuit !

Et l'excellent M. Hœgstrœm, après avoir respectueusement baisé la main de sa femme, prit congé pour s'aller vêtir de lourdes peaux dans son appartement et sauter ensuite dans son traîneau dont un bruit de grelots, mêlé aux cinglées d'un fouet, scanda la fuite, imperceptible à l'oreille bientôt.

III

Hum ! je ne sais plus trop comment vous dire.

Notre Guy des Endeures avait la plus noble des honnêtetés, celle du tempérament. Je m'explique :

il était incapable d'adorer les faux dieux, connaissant le vrai. Immédiatement devant leurs autels, il n'avait plus sur lui, ni encens, ni myrrhe, et aucune prière ne lui venait sur la bouche. Allez donc dire la messe avec ce manque complet d'accessoires ! Ah ! ils ne sont pas rares les mauvais curés qui peuvent officier n'importe où, pourvu qu'il y ait un semblant d'église. Dans l'auguste religion de l'amour, je tiens les dévôts de cette espèce pour de simples cochons. Dieu merci, notre compatriote n'en était pas ! Il lui fallait l'illusion sacrée de la Beauté, seule excuse de la passion, pour entreprendre la cérémonie du culte. Il savait que l'amour, chez l'homme digne de ce nom, n'est que la recherche d'une forme supérieure dans l'infinie transformation des races et que c'est une profanation, un sacrilège d'abdiquer cette ambition, ce besoin d'humiliation et d'anéantissement aux pieds d'un être plus conforme que soi-même, au rêve divin de l'idéal.

Tout cela est pour vous faire comprendre, en langage congru, qu'il sentit que le devoir imposé par l'hospitalité laponne serait au-dessus de ses forces et que tout cela finirait pour lui, en une aventure ridicule, particulièrement déplaisante pour sa partenaire. Et cependant madame Hœgstrœm le regardait avec des yeux !... Il voulut se donner du courage. Avec une femme grassouillette, il y a encore de la ressource. Il se tâta, après avoir légèrement soufflé sur les fleurs de son imagination pour les entr'ouvrir. Il éprouva que son audace ne grandissait pas avec l'imminence du danger. Une résolution héroïque pouvait seule le sauver. Avouer à cette malheureuse femme le néant pratique de ses propres aspirations! Allons donc! La fuite! Une fuite lâche et courageuse à la fois, au mépris en même temps de tous les dangers et de toutes les convenances!

— Permettez-moi de méditer un instant seulement, madame, murmura-t-il d'un ton presque amoureux, sur la surprise de mon bonheur.

Elle se leva, et, en lui envoyant un baiser, elle se dirigea vers sa chambre pour y procéder à la fatale toilette.

Sans perdre une minute, Guy se glissa dans ses chaudes fourrures et furtivement comme s'il emportait l'argenterie, il se rua dehors et se prit à courir sans regarder derrière lui.

IV

Il faisait une nuit vraiment admirable, polaire et phosphorescente, avec de grands bleus lunaires traînant sur la glace et un scintillement éperdu d'étoiles dans le ciel. Quand, essoufflé, il s'arrêta, il fut comme soudainement dompté par le charme profond et mystérieux du paysage. Les banquises debout sur les rivages étaient comme des ruches d'étincelles et, sur la masse morne des forêts, c'était comme une coulée d'argent qui descendait des cimes. A peine un souffle dans l'air où le givre mettait ses flèches. Bientôt une voix dans le chemin, une voix d'homme jeune qui disait la chanson d'amour populaire là-bas :

> O soleil, verse ta lumière
> Sur les blancheurs du lac Orra
> Et sous l'aurore, la première,
> Ma bien-aimée y descendra.
>
> Pour baigner sa face rosée
> Dans l'eau qui reflète son front,
> A travers la glace brisée,
> Ses bras de neige plongeront.
>
> Ame des pins, dis ton antienne
> Près des blancheurs du lac Orra,
> Et, mêlant sa voix à la tienne,
> Ma bien-aimée y chantera.
>
> Elle dira notre amour tendre
> Et qui des jours brave l'affront,
> Si doucement que pour l'entendre,
> Les oiseaux du ciel se tairont.
>
> Emporte mon âme, Colombe,
> Vers les blancheurs du lac Orra,
> Et, jusqu'à l'heure où la nuit tombe,
> Ma bien-aimée y restera.
>
> Et sous l'ombre des pins farouches
> Où le loup rôde et que l'ours mord,
> Sans avoir désuni nos bouches,
> Nous reposerons dans la mort !

Pensant à la perfide Léona, le pauvre Guy se sentit des larmes dans les yeux. L'homme qui chantait avait passé, sans qu'ils se fussent rencontrés. Il marcha, lui-même, longtemps encore, tout à la mélancolie de son souvenir réveillé par cette musique évanouie. Un frisson matinal passait dans l'air quand il atteignit une jolie habitation devant laquelle un attelage de rennes magnifiques attendait. Tout d'un coup, la porte s'ouvrit. Un homme et une femme qui le reconduisait, sortirent. Le cocher grimpa sur le siège. L'homme et la femme échangèrent un baiser, en se disant adieu. Guy eut un tressaillement épouvantable. Il faillit devenir fou, en reconnaissant Léona, Léona presque dans les bras de M. Hœgstrœm, Léona que celui-ci avait ramenée de son dernier voyage à Paris, en lui promettant une fortune, Léona, auprès de laquelle il venait passer tranquillement ses nuits, pendant que sa femme exerçait l'hospitalité à domicile. Pas bête, l'habitant du Lappmarck! Il s'offrait une jolie Parisienne, durant que son hôte soupait d'une vilaine laponne à la maison. C'est pour ça qu'il aimait tant à recevoir les étrangers!

L'indignation et la colère firent perdre toute raison à M. des Endeures. Sautant sur l'excellent Hœgstrœm, il l'envoya rouler à dix pas dans un tas de neige ; il fit passer le cocher par-dessus les bois de ses animaux où sa culotte demeura accrochée, puis saisissant, d'un effort désespéré, Léona interdite, il l'engloutit avec lui sous les fourrures du véhicule, prit les guides, fouetta les bêtes et leur fit prendre le grand galop, sans savoir où il allait, sous les rayons déjà pâlissants de la lune.

Quand elle fut revenue de son émoi, Léona fut la plus gracieuse du monde.

— Merci, mon petit chéri, lui dit-elle, d'être venu me chercher ici. Je commençais à m'y ennuyer. C'est si loin des Montagnes Russes!

Fou de bonheur, il la pressa dans ses bras, pour ces tendres paroles.

Ils sont de retour à Paris depuis huit jours. Le pauvre Hœgstrœm fait là-bas une maladie de langueur. Il veut renoncer à la coutume de faire coucher les étrangers avec sa femme. Mais celle-ci ne l'entend pas ainsi. Elle chante d'une voix sombre, pour se désennuyer :

> Et, sous l'ombre des pins farouches
> Où le loup rôde et que l'ours mord,
> Sans avoir désuni nos bouches,
> Nous reposerons dans la mort !

LA SAINT-ANTOINE

LA SAINT-ANTOINE

I

— Oui, monsieur Bizeminet, votre saint Antoine était lui-même un cochon !

— Je vous serais obligé, Véronique, de parler plus respectueusement d'un des bienheureux les plus considérés du calendrier et de ne pas choisir justement le jour de ma fête patronale pour vilipender mon patron.

— Bon sang ne ment pas ! Vous devez en descendre en droite ligne, de votre patron. Vous croyez donc que je n'ai pas vu, un tas de fois, son portrait. Toujours avec des femmes! Et toutes nues! Et qui prennent des poses voluptueuses pour le divertir...

— Oui! mais il met ses deux mains sur ses yeux!

— En regardant entre ses doigts, comme vous, l'hypocrite! Tenez, j'aime encore mieux l'attitude de son cochon qui lui, au moins, regarde cette viande impudique de tous ses petits yeux et en frétillant du bout de la queue.

— Vous ne voudriez pas!...

— Au moins, c'est franc. Ah! tenez, ne me rabattez plus les oreilles de votre anachorète qui avait choisi pour compagnon le plus dégoûtant des animaux. Le choix seul d'une telle compagnie indique ce que valaient ses mœurs personnelles et vous savez le proverbe, mon cher : qui se ressemble s'assemble!

— Prenez garde, Véronique, nous sommes mariés.

— Oh! si peu!

— Comment si peu! Mais à l'église et à la mairie.

— Le jour peut-être... mais la nuit... on ne dirait pas que la mairie et l'église vous ont conféré des droits, et même des devoirs.

— Je n'ai plus vingt ans, Véronique.

— Mais vous n'avez pas encore soixante ans non plus. Tenez, vous devriez mourir de honte. J'ai regardé l'almanach ce matin. Trois mois, monsieur, trois mois!

— Il y a eu l'ouverture de la chasse. On se fatigue...

— Taisez-vous! Oh! je ne suis pas votre dupe! Il

est vraisemblable qu'au dehors, comme l'autre, vous vous entourez de courtisanes sans habits et qui vous offrent du muscat pour vous monter la tête.

— Je te jure...

— Je ne vous crois pas. Enfin, comme vous avez bien voulu me le rappeler, pour avoir un cadeau, c'est aujourd'hui votre fête et je suppose que vous vous départirez en ma faveur de vos habitudes austères.

— Ça c'est convenu! Tiens! J'ai fait un nœud à mon mouchoir que je mets toujours sous mon traversin. Tu vois si je suis décidé. Mais va me quérir, en attendant, mon frac et ma culotte noire. Tu sais que je déjeune à la préfecture, à l'occasion de la fermeture du concours régional et en ma qualité d'exposant ayant eu la médaille d'or pour les fromages.

— Ah! oui! toujours de la toilette pour les autres femmes! Car il y aura certainement des femmes à ce déjeuner.

— Madame la préfette tout au plus!

— Une coquette que j'ai vue vous ribouler des yeux...

— Na! Na! tu vas me mettre en retard. Va! Si je m'habille pour les autres, ce soir, je me déshabillerai pour toi. Est-ce que tu voudrais que je garde un habit noir pour...

Madame Bizeminet qui était, au fond, une excellente femme, était déjà en train de brosser, elle-même, la défroque d'apparat de son époux, et, un quart d'heure après, celui-ci quittait la maison tout flambant, en sifflottant une gavotte.

II

Il avait atteint sans encombre la grille d'honneur du palais départemental, quand, se voyant regardé des fenêtres du salon et pour faire le gentil, il eut la fâcheuse idée de caresser le lévrier de madame la préfette. Le toutou, qui n'était pas de bonne humeur, lui lança en grognant un coup de machoire qui n'atteignit pas les chairs, mais qui fit un accroc à sa culotte, dans un endroit bien déplacé vraiment. Par devant juste au-dessus de la fourche du pantalon : un trou large comme une pièce de quarante sous, avec l'étoffe enlevée. Le caleçon et la chemise apparaissaient comme une petite lune blanche dans la profondeur de la nuit. Impossible de faire une reprise. Impossible également de rentrer à la maison pour changer d'indispensable. On sonnait le déjeuner. Résolument M. Bizeminet mit son chapeau devant sa blessure, refusa énergiquement de le donner au domestique qui voulait le lui prendre de force et fit son entrée dans la grande salle fastueuse, l'œil bouché par le lorgnon opaque et semblant avoir une trompe noire à la naissance des cuisses. Tout le monde crut à une distraction. — Une fois assis, se disait-il, je mettrai mes gants dessus et je n'aurai rien à craindre de quelque temps.

La situation se compliqua quand madame la préfette lui demanda son bras pour se rendre à la salle à manger. Ce Bizeminet était un gros électeur et les autorités avaient l'ordre formel de le flatter en toute occasion. Un homme qui sait faire voter comme lui, autour de lui, est un citoyen précieux. Il est beaucoup plus considéré, par les gouvernements, qu'un grand peintre ou qu'un grand poète. C'était déjà ainsi à Athènes, comme on le voit par le procès d'Eschine et de Timarque. Nous n'avons donc pas à rougir, pour M. Bizeminet, des complaisances de l'administration à son endroit. Mais vous voyez d'ici le mouvement difficile : faire passer le chapeau de la main droite dans la main gauche, sans découvrir ce qu'il cachait, pour pouvoir offrir le bras droit à la belle madame Guy des Etoupettes.

Notre Bizeminet s'en tira pas mal et arriva sans encombre à sa place, à droite de la préfette. Il poussa, en s'asseyant, un soupir de soulagement et, prévoyant qu'il aurait à quitter plus tard cette situation aux éphémères sécurités, adroitement il glissa son chapeau sous sa chaise, pour le ressaisir sournoisement en se levant.

Mais il était écrit que le maudit chien, qui lui avait égratigné déjà sa culotte, lui jouerait encore un méchant tour. Ce sacré Bob, — ainsi s'appelait le lévrier, — s'en vint justement jouer sous le siège de sa victime, et, avec un grand éclat de rire, tout le monde le vit reparaître de dessous la nappe, batifolant avec le pétase du malheureux fromager. Celui-ci se garda bien de réclamer sa coiffure, laquelle était déjà d'ailleurs en lambeaux. Mais il se demanda comment il sortirait de cet état misérable et invoqua le précieux saint Antoine, lui promettant ultérieurement une douzaine de cierges s'il le tirait d'embarras.

III

Est-ce le saint qui l'exauça (je suis assez pour ces idées superstitieuses), ou bien le hasard, ou bien enfin son propre génie qui sauva M. Bizeminet ! Toujours est-il que, comme un rayon de lumière traversant les ténèbres, une idée soudaine l'illumina. On servait une superbe langouste en aspic, et, au-dessus des lamelles blanches et savoureuses accotées, les unes aux autres, comme dans les châteaux de cartes en train de se renverser, de larges rondelles de truffes semblaient les larmes d'encre d'un crocodile. Taillée dans un superbe tubercule périgourdin, la moindre était plus large que l'accroc fatal. Un tourbillon de pensées, quelque chose comme une envolée de feuilles mortes emplit la tête de M. Bizeminet. Ces truffes étaient justement de la couleur de la culotte compromise. Ces petits morceaux circulaires lui étaient certainement envoyés par la Providence, dans l'intérêt de la pudeur publique qu'il allait risquer d'offenser à tout moment. Dextrement il fit tomber le plus large de ces disques appétissants dans son assiette, puis de son assiette dans sa serviette, où il le cueillit sans avoir l'air de rien. Après quoi il le passa, en entrebâillant le vêtement, sous la partie déchirée, l'y fixant ingénieusement avec un peu de cette gelée qui entourait l'aspic et qui n'est, chacun le sait, que de la colle de poisson déguisée par les restaurateurs. Il sentit l'adhésion se faire sous ses doigts, referma la fenêtre et pensa, avec joie, qu'il était enfin sauvé !

C'est fièrement que, le café étant servi sur la terrasse, il offrit le bras à madame Guy des Etoupettes, faisant jouer coquettement ses gants de son autre main libre.

Une musique militaire éclata, en ce moment, sous les hautes croisées. C'était celle des pompiers escortant un lauréat du concours régional venant prendre congé de M. le préfet. Tout le monde descendit les marches du perron et M. Guy des Etoupettes tira, de sa poche, une petite harangue qui s'y trouvait par hasard. Le défilé fut superbe. M. Bizeminet saluait aussi de la main, n'ayant plus de chapeau, comme si c'était à lui que s'adressaient ces hommages.

Derrière le cortège venaient les animaux primés : de grands bœufs d'abord, mélancoliques et doux, qu'attendait l'abattoir, cette roche Tarpéïenne des animaux descendus des Capitoles ; puis des moutons également enrubannés, non pas pour les doigts fuselés et blancs des bergères, mais pour le couteau rapide du boucher ; les porcs marchaient les derniers, traînant leur lourde bedaine à terre, monstrueux et cyniquement roses, avec une vrille frétillante entre les fesses. Ils étaient une dizaine grognant à l'unisson et jouant de concert ce jeu postérieur de tire-bouchon.

Tout à coup, en passant devant M. Bizeminet, leurs groins se dressèrent ; ils aspirèrent l'air bruyamment, s'arrêtèrent net, puis bondirent vers lui, avec un grondement formidable et passionné de gourmandise. L'odeur traîtresse et natale de la truffe réparatrice leur montait au cerveau et les rendait fous. Ce fut véritablement l'assaut d'une citadelle. Le malheureux truffifère fut à demi culbuté. Madame Guy des Etoupettes se trouva mal de rire. En vain les passants tiraient ces cochons enragés par leurs petites queues, ceux-ci ne s'en ruaient que plus ardemment au sac... non ! à la culotte de Bizeminet anéanti de terreur. Il put enfin se faire jour à grands coups de pieds à travers ses bourreaux et s'enfuir, au milieu de la gaieté générale. Mais nos endiablés pourceaux se mirent à sa poursuite et l'accompagnèrent jusqu'à sa porte, en secouant leurs grosses tripes sur la poussière.

Madame Bizeminet qui attendait son mari, regardait précisément par la croisée. Ironique et sans pitié, elle lui cria :

— Je vous le disais bien que qui se ressemble s'assemble !

IV

A quelque chose malheur est bon. — C'est au moins ce qu'il faut toujours dire aux gens malheureux. Vous connaissez, n'est-ce pas, les merveilleuses expériences du docteur Luys ? Cette curieuse théorie des remèdes agissant sans être absorbés et par la simple mise en contact avec l'épiderme dans certaines conditions magnétiques. M. Bizeminet se trouvait, sans doute, et par aventure, dans ces conditions-là. Les frottements de la course engendrent certainement des fluides. Toujours est-il que le morceau de truffe qu'il portait où vous savez développa intérieurement, et dans son individu, les belles qualités apéritives en amour qui sont une des gloires de ce savoureux et champêtre produit. Ce qu'il se trouva ragaillardi après le dîner! La Saint-Antoine fut bigrement fêtée, à double carillon, et Véronique n'avait pas été, de longtemps, à une aussi belle messe conjugale.

Quand on se réveilla, bien tard, le lendemain :

— Eh bien! heureuse pendarde, fit affectueusement M. Bizeminet à son épouse, en veut-on toujours à ce pauvre saint Antoine?

— D'être un cochon et ton patron?... oh! non, mon chéri !

L'INNOCENCE

INNOCENCE

I

On lui avait répété souvent, au couvent, que se laisser mettre, par un homme, la main là où les dames ont la pudeur, était le plus gros péché mortel du monde, et, dans sa petite conscience de pensionnaire dévote, elle se disait qu'elle préférerait la mort à la tolérance d'une telle familiarité. Sainte Agnès avait bien, pour moins que cela, souffert héroïquement le martyre !

Le couvent! Il y avait trois jours seulement qu'elle l'avait quitté; un bon couvent provincial tenu par des nonnes parfaites, bien que soupçonnées de jansénisme à l'archevêché ; avec un grand jardin traversé de larges avenues de tilleuls où les causettes étaient douces entre jeunes filles ; avec une belle image de la vierge au bout, dans une façon de reposoir naturel dont les fleurs étaient sans cesse renouvelées, du temps où les lilas ouvrent leurs mignons encensoirs, à celui où les dahlias ouvrent leurs larges collerettes. Une maison calme dans un faubourg, d'où montait, à l'heure des offices, une musique vague de cantiques où de jeunes voix s'éploraient sur un timbre argentin comme celui du rire.

Et elle avait eu là des amies bien-aimées, de son âge ou à peu près, et qui toutes avaient pleuré quand elle avait quitté la sainte retraite, et qui toutes lui avaient donné, en sanglotant, au parloir, quelque image de sainte avec une invocation pour son bonheur et leur signature au bas, dans l'enluminure du cadre s'effilochant en dentelle de papier. Madame la supérieure aussi l'avait embrassée, et lui avait résumé, au départ, la bonne doctrine, en insistant sur le point essentiel que j'ai dit plus haut.

Aussi, dans son ignorance de la vie, se méfiait-elle même des passants qui, de trop près, la frôlaient sur le trottoir tandis qu'elle se rendait à la maison paternelle d'où la tante Gertrude était venue la chercher. Car la délicieuse créature n'avait plus de mère.

Et c'est dans trois jours qu'on la devait marier. C'est un préjugé départemental et peu flatteur pour les jeunes filles qu'il ne faut pas leur laisser trop de temps entre la sortie de l'école et l'entrée dans le ménage. N'allez pas croire, d'ailleurs, qu'on lui fît épouser, comme cela n'arrive que trop souvent, quelque vieux, souhaitant, comme le roi David, de réchauffer sa vieillesse dans un lit virginal. Non ! Le fiancé à distance de Virginie — ainsi s'appelait cette demoiselle — était, ma foi, un fort beau gars et dont l'âge n'avait rien de disproportionné avec le sien, avenant de sa personne, persuasif et respectueux tout ensemble avec le sexe auquel il allait demander, suivant un usage imprudent, le repos du reste de sa vie. On le nommait Valentin.

II

La veille, au soir, du grand jour, une caisse immense était arrivée de Paris où, non seulement la toilette solennelle, mais aussi une partie du trousseau de la mariée, avaient été assemblés par les soins d'une des meilleures maisons de confection à la mode. Ce fut un enchantement, le lendemain, dès l'aube, de la vider jusqu'au moindre objet. Tout ce qui devait servir directement à la cérémonie fut étalé sur le lit avec des précautions admirables et dans un murmure d'exclamations enthousiastes. L'oreiller fut fleuri de l'oranger traditionnel ; la longue jupe blanche étendit ses plis de marbre flexible dans toute leur longueur; la jolie chemise de batiste brodée mit comme un frisson de vapeur sur tout cela ; et les jupons dont on remettait en place les cassures ; enfin le pantalon garni de vraie dentelle ; un chef-d'œuvre et qui fut l'objet d'une attention spéciale, car c'était le premier que mettrait Virginie, un peu comme les Romains, revêtaient la robe prétexte, à l'heure virile de la puberté complète. Ce vêtement était, en effet, tout à fait proscrit au couvent où la jouvencelle avait été élevée, comme évoquant des pensées coupables, et inutile d'ailleurs, étant donné que les robes elles-mêmes étaient des façons de fourreaux où s'indiquaient seulement, et avec une indécence maladroite, les reliefs naissants.

Comme il arrive toujours, et afin d'éviter la déformation pendant le transport, les différentes parties de chacune de ces pièces de toilette étaient épinglées entre elles ou reliées par des points de couture faciles à briser. Le pantalon, lui, était demeuré bâti à l'ouverture dont les deux bords étaient ainsi légèrement cousus l'un à l'autre, si bien qu'il semblait qu'il fût complètement fermé. Mais comme on n'avait pas l'expérience de cet habit spécial, dans la maison, on n'y prit seulement pas garde et on le laissa dans l'état.

Quel spectacle délicieux, d'ailleurs, que celui de Virginie revêtant, pièce à pièce, cette conjugale armure, comme se préparaient autrefois au combat les preux chevaliers, avant de fléchir le genou sous l'héroïque accolade de l'épée.

Avec des pudeurs que redoublait le pressentiment vague d'un danger, elle changeait de linge et s'emmitoufflait dans une mousseline jusqu'aux épaules pour y laisser tomber le flot de sa belle chevelure blonde que deux nattes épaisses devaient discipliner, l'accumulant sur sa nuque en une lourde masse d'or vivant. Ses petits seins palpitaient comme deux tourterelles blanches ayant chacune au bec une sorbe pas plus grande qu'une fraise. Un grand parfum de jeunesse montait de sa personne déshabillée et vous seriez tombés à ses genoux devant l'aimable inflexion de ses hanches dans la pose qu'elle dut prendre pour chausser ses jolis petits souliers de satin blanc. De vous à moi, elle avait une adorable cheville, placée un peu haut, comme dans toutes les jambes féminines qui comportent une certaine aristocratie de contours. Et elle se souriait à elle-même, de temps en temps, dans la glace, se trouvant jolie et faisant passer un frisson de nacre entre deux pétales de rose sur le luisant ému du miroir.

Immédiatement après avoir tendu ses bas sous des jarretières de soie, elle avait passé le pantalon en riant de sa propre maladresse. Car elle avait commencé par renouveler la légendaire distraction qui immortalisa le roi Dagobert.

III

Les cloches tintent encore de joyeuses volées sur les derniers partis du cortège ; dans une transparence azurée des fumées d'encens flotte le rayonnement multicolore des vitraux; un gémissement passe encore aux lèvres métalliques de l'orgue; une bonne odeur de pain bénit met des convoitises aux narines pieuses. M. le curé dépouille prestement son étole brodée pour venir prendre part au repas de famille que dame Gertrude a composé suivant des doctrines gastronomiques en grande renommée dans tout le pays.

O mes enfants, le savoureux écho des antiques lippées gigantesques! Nous sommes, s'il vous plaît, en Touraine, au pays des godebillaux que Panurge aimait tant. Et les vins blancs exquis qui festonnent de leur mousse impétueuse le bord des verres, crus de Vouvray, crus de Chinon, crus de Saumur, délicieusement teintés et qui semblent une liqueur faite avec des roses du Bengale! Et tout cela aussi franchement diurétique que plaisant au palais! *Utile dulci,* comme on rêve les breuvages agréables et sains tout ensemble. C'est dans ce coin fleuri de la belle Patrie Française que la vigne a les plus joyeux sourires ensoleillés et on dirait qu'un peu de l'âme de ses riches et immortels conteurs y court aux sèves vaillantes des ceps tordus comme des serpents bienfaisants.

L'aimable Virginie qui avait bu, douze ans, au couvent, de l'eau à peine rougie, prit un plaisir excessif autant qu'innocent à la dégustation de ces beaux produits nationaux qui mettent l'amour sacré du pays plus avant dans nos poitrines. Elle but du Vouvray; elle but du Chinon; elle but du Saumur; plus une pointe de Bourgueil, du clos Lejouteux et qui met dans la bouche un délicieux écrasement de framboises à peine mûres. Et, de tout cela, lui vint au cerveau une belle gaîté, un franc rire sur le rose des lèvres et, beaucoup plus bas, dans le souple et voluptueux mystère des reins, de pléthoriques impressions, une envie vraiment folle d'aller imiter, dans quelque coin de verdure, le bruit argentin des fontaines qui s'épanchent dans la fraîcheur bientôt fumante des gazons. Avez-vous saisi, à travers la beauté ingénieuse de mes métaphores? J'entends dire qu'elle eût donné sa couronne blanche, dont les boutons s'inclinaient déjà, pour un petit pipi discret, sous la caresse des noisetiers du bois voisin.

N'y tenant plus, elle se leva, et, par une sympathie mystérieuse, Valentin qui ne la perdait plus des yeux et dont les prunelles roulaient d'insondables désirs dans leur gris étoilé, Valentin, dis-je, se leva aussi et, sans qu'on le pût rappeler, la suivit vers les coudrettes dont elle avait pris, en courant, le chemin. Car c'est en plein air qu'avaient lieu ces agapes matrimoniales, sous un berceau de glycines penchant leurs belles grappes odorantes jusque sur les têtes joyeuses.

IV

Quand Valentin rejoignit la triste épousée, celle-ci se livrait à un véritable désespoir. Le maudit pantalon était, comme je l'ai dit, aussi hermétiquement fermé que l'âme rare d'un diplomate sérieux. Impossible d'ailleurs de le faire tomber, tant il avait été joint étroitement sur les hanches, au reste du costume par des boutons et par des cordons. Et puis, ce n'est pas si aisé à manier que cela une toilette de mariée ! On a toujours peur de déchirer son voile ! Enfin la pauvrette était absolument prisonnière de cet étui malencontreux, bloquée dans cette maudite batiste, impuissante au susurrement qu'elle méditait dans le velours attiédi des herbes sauvages. Il fallait absolument que quelqu'un vînt à son secours. Et le Vouvray, et le Chinon, et le Saumur, et le Bourgueil gargouillaient une *Marseillaise* désespérée, un chant intérieur d'indépendance plein d'hydrauliques menaces ! A moi ! était bien près de crier la pauvre enfant.

C'est Dieu qui lui envoyait Valentin.

Valentin, son mari depuis deux heures, son défenseur naturel dans la vie, celui qui avait juré, devant un homme sous-ventré de tricolore, de lui prêter, en toute occasion, secours et assistance. Ah ! Valentin était de bonne volonté et disposé merveilleusement à ne manquer à aucun de ses devoirs... Oui, mais comment s'y prendrait-il, pour briser la fatale écorce, pour ouvrir la délicate barrière de fine étoffe !... Et le péché mortel signalé au couvent et qu'il fallait éviter plus que la mort !...

. . . .
. . . .

Nous laisserons, si vous le voulez bien, quelques lignes blanches. Le soir, quand la tante Gertrude eut donné à Virginie les suprêmes instructions, celle-ci lui confia son aventure, moitié riant, moitié confuse encore, et comment elle en était heureusement sortie, grâce à l'aide de Valentin. La vieille dame eut un ahurissement doux, dans le regard, sous la broussaille grise de ses sourcils, quand Virginie ajouta d'un ton triomphant :

— Et tout cela, ma tante, sans y avoir mis les mains !

L'ACCIDENT DE M. B***

L'ACCIDENT DE M. B***

I

Une société choisie, recrutée dans le petit commerce du Marais, ce cœur du vieux Paris, se pressait à la table de l'excellente madame B... (Vous pensez bien que je n'entends compromettre personne) dont on célébrait la fête. Une veuve aimable, cette personne dodue que je vous signale immédiatement par la qualité féminine à laquelle j'attache la plus grande importance, je dirais une importance capitale, s'il ne s'agissait pas du genre de tête qui se coiffe avec un pantalon. Oui, vraiment, dodue et souriante, comme toutes les dames qui ont quelque chose de joli et de glorieux à vous montrer au déshabillé. Méfiez-vous toujours des femmes qui ne sourient pas volontiers! C'est qu'elles ont au cœur la mélancolie secrète de quelque derrière insuffisant qui a fait mauvais effet dans le tête-à-tête. *Mens sana in corpore sano.* La gaieté habite les bellefessières, pour ce qu'elles ont à s'amuser, le soir, rien qu'en se tapant sur le joufflu. Et voyez-vous, je vous prie, le moindre mal à cet exercice! *Omnia mecum porto*, disait encore le sage. Heureuse celle qui porte partout avec soi ce trésor de joie familière! L'excellente madame B... était de celles-là.

Son caractère avait même beaucoup gagné en enjouement, depuis que feu B... avait quitté cette vallée lacrymatoire, sans faire grand embarras d'ailleurs. Car on l'avait rapporté mort à la maison et il avait fait en fiacre sa première étape de corbillard. Le médecin des décès avait donné à sa maladie foudroyante un nom à quoi personne n'avait rien compris. C'en avait été assez pour le faire enterrer et il n'avait pas demandé son reste. Il y a des gens qui ont la bonhomie de consentir à trépasser sans demander à la science des explications. Il dormait au Père-Lachaise sous un petit jardin imprudemment planté de valériane, ce qui lui valait d'être arrosé par tous les chats du pays. C'était bien d'ailleurs les seules larmes que méritait cet animal.

Par convenance on en parlait encore quelquefois à sa femme. Celle-ci, qui se souvenait que le birbe, décédé à soixante ans révolus, avait trente-deux ans de plus qu'elle, prenait un air de résignation qui n'avait rien vraiment d'artificiel. Il faut bien se consoler, même d'avoir perdu ce qui vous était désagréable ! On assure cependant que Socrate pleura infiniment Xantippe. Mais sur la foi de mon bien-aimé maître Banville, qui est un délicieux inventeur de paradoxes devant l'Éternel. Aucun incident, d'ailleurs, durant ce dîner d'anniversaire qui tirait à sa fin. Seuls, M. et madame Pétalas, un ménage bien assorti d'anciens bonnetiers, s'étaient lancés, d'un bout de la table à l'autre, des épigrammes conjugales témoignant, — de la part de madame, — d'un certain inassouvissement des plaisirs permis dans l'hyménée, et, — de la part de monsieur, — d'une impertinence rageuse du plus mauvais goût. Certaines mères de famille avaient même été fort embêtées, pour leurs demoiselles, de ces équivoques agressives dont les célibataires riaient dans leurs serviettes. Les dernières haleines du café mouraient aux bords luisants des tasses ; les liqueurs fortes et les cigares avaient été apportés.

— Mesdames, dit gracieusement la maîtresse de la maison, nous allons, si vous le voulez bien, céder la place à ces messieurs. Mademoiselle Ventoli nous chantera quelque chose.

II

Le salon n'était qu'à deux pas, et bientôt, dans la buée de tabac où crépitait encore la flamme rapide des allumettes échangées, autour des verres où le cognac avait pleuré ses larmes d'or et le kirsch ses perles de diamant, ce fut une grande rumeur de voix masculines et comme une pétarade de cochonneries comprimées pendant toute la durée du repas, un véritable assaut d'histoires inconvenantes, dont plusieurs, — je le dis avec quelque fierté, — étaient empruntées à mes œuvres complètes. Ce fond d'orchestre, sourd comme un mugissement d'orgue, était interrompu ou plutôt troublé par les miaulements intermittents de mademoiselle Ventoli, dont les notes suraiguës traversaient la cloison en y laissant des trous. Je regretterai toute ma vie d'avoir eu beaucoup de vers mis en musique, quand je pense aux demoiselles à qui je les ai entendu chanter. Cette Ventoli avait un toupet du diable. Elle poussait! Elle poussait! Si sa gorge s'était subitement fermée, quelle explosion, mes amis! Ah! si Pedro Gailhard l'avait entendue! Une jeune personne qui était prête à débuter à l'Opéra même sans appointements! Mais Pedro Gailhard ne fréquente pas de si petit monde. On se doit à ses aïeux.

Tout à coup on vint à parler du défunt.

— Eh bien, savez-vous de quoi il est mort ce

sacré B...? fit d'un ton mystérieux le capitaine Oursedru de la Réserve.

Et comme chacun donnait sa version variant de l'apoplexie à la rupture d'un anévrisme.

— Vous n'y êtes pas, ajouta-t-il, et maintenant que sa femme n'est plus là, je puis bien vous le dire, moi qui tiens la chose de l'apothicaire Watferreff, qui lui donna les premiers soins.

Conticu... Décidément je suis hanté ce matin par mes classiques. C'est que je tiens bon pour les lettres latines et grecques, moi, et que je ne veux pas qu'on leur substitue l'étude de l'allemand! Le jour où tout le monde parlera allemand en France, nous serons des Allemands, voilà tout, et nous n'aurons plus aucun esprit. En dehors de la langue nationale, je n'admets que les langues mortes, parce qu'il n'y a plus de danger aujourd'hui que nous rétablissions les lois de Lycurgue ou que nous recommencions, sur nos places transformées en forums, les harangues des tribuns.

Tout le monde écoutait donc le capitaine Oursedru de la Réserve, qui poursuivit comme il suit :

— Notre ami B... dont vous entourez de respect la mémoire, est mort pour avoir voulu forcer son talent, j'entends le talent que comportait son âge.

Et l'attention redoublant autour du narrateur :

— Il vient un temps où, plus sévère que la Loi, l'Amour punit presque toujours la récidive de mort. Le *bis repetita placent* ne convient plus aux sexagénaires. Quant au *ter* et au *quater repetita*, ce leur est tout simplement un passeport pour l'éternité.

Lafontaine a dit, en parlant des amis : « N'en ayons qu'un, mais qu'il soit bon ! » Une faible variante, que vous devinerez comme moi, devrait être la devise des vieillards. Le bavardage ne leur est plus licite. Ils doivent se contenter de l'usage des monosyllabes, trop heureux encore quand ils ne sont pas absolument muets. Pour eux, la comédie ne doit être qu'en un acte, d'autant que c'est d'un pas boiteux qu'ils vont au dénouement. Ils ont toujours tort de vouloir relever le rideau une fois la pièce jouée.

Et, comme les plus obtus de la compagnie avaient fini par comprendre :

— Donc cet animal de B..., dont nous avons l'audace de vanter la vertu, avait une maîtresse, une toute jeune maîtresse, fort ardente et inexpérimentée. Aïe !

— Qu'avez-vous, capitaine ?

— J'ai cru que je m'étais cassé une dent. Une douleur horrible dans la gencive. Non ! c'est une note de cette demoiselle qui vient d'y pénétrer.

Le fait est que mademoiselle Ventoli venait d'en pousser une ! On l'avait entendue jusqu'à l'Opéra, où Pedro Gailhard avait dressé les oreilles, ce qui lui demande toujours un certain temps.

La douleur dissipée, le capitaine acheva ainsi :

— J'ai confessé aussi la péronnelle et elle m'a avoué que c'est au quatrième relai que le cheval s'était abattu pour ne se plus relever. Ce mâtin de B...! En voilà un qui, au moins, l'a finie gaîment ! La pauvrette appela : plus personne ! On alla quérir Watfereff. Il souffla dans le nez, tâta le cœur, pesa sur la rate et dit : Tout est fini. C'était parfaitement exact. On se mit d'accord pour que cette excellente madame B... ne connût jamais la vérité ! Mais chut !

Mademoiselle Ventoli passait sa frimousse ébouriffée entre deux portes :

— Messieurs, dit-elle, vous pouvez rentrer. J'ai fini.

— A la bonne heure, Mademoiselle ! répondit en s'inclinant galamment le capitaine Oursedru.

III

Comme on passait dans le salon, M. Pétalas, qui n'avait encore rien dit, arrête le capitaine par la manche, au moment où celui-ci allait franchir le seuil du gynécée.

— Capitaine, lui dit-il, d'une voix troublée, deux mots.

Et, comme le militaire interdit questionnait du regard.

— J'ai bien regretté, continua-t-il, que ma femme ne fût pas là quand vous racontiez cette émouvante aventure.

— Monsieur, le respect m'aurait empêché...

— Mais non ! Mais non ! Ma femme est d'âge à tout entendre et c'est surtout pour les femmes que ce récit est édifiant.

Mon Dieu, monsieur, si vous m'y autorisez...

— Je vous en prie, capitaine.

— Je vais recommencer ma narration pour madame Pétalas, toute seule, et dans un petit coin.

— Vrai ! vous me feriez un plaisir infini !

— Rien de plus simple, vraiment.

Et comme le capitaine allait mettre le pied dans le salon, l'accrochant une fois encore par le pan de son habit :

— Voulez-vous être gentil gentil tout à fait, capitaine ?

— Comment donc ?

— Eh bien, vous serez assez aimable pour dire à ma femme que c'est à la seconde... imprudence qu'est arrivé l'accident.

PROSE DE PAQUES

PROSE DE PAQUES

I

Un feu mourant dans la cheminée, dont la garniture de vieux Sèvres prenait des tons plus pâles encore et plus surannés sous l'oblique lumière du soleil couchant tamisé par les rideaux de la fenêtre, devant laquelle une jardinière de jacinthes semblait aussi garnie de fleurs de porcelaine. Une atmosphère très douce dans la pièce longtemps chauffée et, dans tous les coins, quelque parfum très subtil montant de quelque objet familier de la bien-aimée, ici des gants oubliés, là une voilette délaissée pour une autre, et l'ouvrage qu'elle brodait avant de sortir, et l'orange que ses jolis doigts mignons avaient seulement ensanglantée. Dans cette atmosphère toute pleine d'Elle, parmi tous ces riens qu'Elle lui rendait chers, voluptueusement étendu dans une causeuse, il rêvait, il attendait, il s'assoupissait dans une immense béatitude.

Au dehors, le roulement des voitures sur le pavé gras, le bruit monotone de la rue, et cette impression d'hiver obstiné qui filtre à travers les menteuses chaleurs des appartements, cette lumière encore grise et déjà défaillante, où le soleil n'a pas échevelé, à l'heure méridienne, ses rayons d'or; les misères que le printemps n'a pas encore consolées; l'espérance boiteuse encore et se traînant aux petites charrettes où, par bottes mélancoliques, les premières fleurs attendent les clients, têtes baissées.

Comme il était bien dans ce coin de chambre, sous le regard attendri des choses amies, loin du souci des foules se hâtant vers les gains chimériques, lui qui avait l'amour, le seul bien réel au monde ! Et puis Elle allait revenir dans un instant, et chaque battement du balancier était comme l'écho d'un pas qui la rapprochait de lui.

Nous sommes, s'il vous plaît, dans le plus authentique ménage et le plus vertueux du monde. M. le comte de Boisbaudry adore sa femme et en est adoré. Il y a dix-huit mois qu'ils sont mariés, et leur lune de miel montre encore, au ciel de leur lit, sa face débonnaire, aux encourageantes caresses, toujours de l'or le plus pur que ne rouille l'ombre d'aucun nuage. Amants, ils le sont beaucoup plus que bien des amants, dont les chaînes seront plus tôt brisées. M. le comte a vécu, mais, dans aucun des souvenirs du passé, il ne retrouve les délices tranquilles du présent. Madame la comtesse était un pur lys au pied de l'autel où tous deux étaient à genoux. Elle était maintenant la rose bien ouverte, mais fidèle au même zéphyr et toute mouillée encore des larmes de l'aurore. Aussi réalisaient-ils tous deux, dans le mariage, le *summum* de passion qu'il comporte, celui-ci dans son cœur rajeuni, celle-là dans son cœur tout neuf encore, et la musique des baisers sonnait-elle longtemps et fréquente sous ce toit fortuné, comme le gazouillement des oiseaux captifs qui chantent en toutes saisons.

Quand il entendit le roulement de la voiture qui la ramenait, il sauta à la croisée, pour la voir plus tôt d'abord, et puis pour chasser l'arôme oriental et pénétrant de la cigarette, qui avait trompé son impatience, en l'enveloppant dans une jolie spirale d'azur transparent frangé de blanc.

— Enfin ! dit-il. Et à travers sa voilette, comme le savant poète Coppée le conseille dans ses divines *Intimités*, il la baisa longuement sur la bouche, buvant ses regards à pleines paupières, comme un vin dont on se grise, l'entourant de ses bras, toute emmitouflée qu'elle était encore dans son court paletot de loutre, avec un vague relent de verveine qui lui montait de la poche.

— Voulez-vous être sage ! lui dit-elle.

II

— Non ! non ! non ! monsieur.

Elle disait cela d'une petite voix très décidée, ayant posé sur la table son chapeau, et sa fourrure au dos d'un canapé, pour n'avoir pas à appeler sa femme de chambre.

Et comme, à genoux devant elle, il se traînait à ses pieds en lui disant : Méchante !

— Vous savez ce qui a été convenu, Maxime, lui dit-elle avec une véhémence affectueuse. Vous êtes libre-penseur, soit ! et il faut que je vous aie terriblement aimé pour vous épouser tout de même. Mais vous m'avez absolument juré de respecter mes croyances...

— Eh bien ! ne sortez-vous pas de l'église et je ne vous ai pas laissé aller peut-être à l'adoration de la Croix ?

— Sans doute, et je vous en remercie. Mais ce que vous demandez est impossible aujourd'hui. Le Vendredi-Saint, jamais ! fi ! quelle horreur !

— L'Église ordonne le maigre, soit, et, pour vous être encore agréable, je dînerai ce soir avec du poisson, moi qui ne peux le sentir ! Outre que cela est parfaitement illogique, si, comme vous le supposez gratuitement, le reste est défendu aussi, puisque le poisson est connu pour ses propriétés aphro...

— Pas d'inconvenances, mon ami, je vous prie,

dans cette journée. Armand Silvestre lui-même n'en dit pas !

— Enfin, si vous voulez bien trouver un texte qui interdise...

— Ça tombe sous le sens, mon ami. On doit se mortifier aujourd'hui, mortifier cette chair maudite...

— Madame, si vous parlez de vos charmes dans ces termes irrévérencieux, je n'en écoute pas davantage.

— Enfin, j'espère que ce que vous me proposez n'est pas pour vous une mortification !

Il la regarda avec des yeux pleins de reproche. Elle était plus adorale encore avec l'air de nonnain convaincue qu'elle avait pris, une gravité volontaire mentant au marbre poli de son front et aux coins obstinément souriants de sa bouche. Et puis, elle avait rapporté du saint lieu une vague odeur d'encens, de vieux paroissien et de pain bénit qui avait sa petite griserie sacrilège et son montant profane. Enfin, jamais elle ne lui avait fait autant envie.

Tout doucement donc, il se souleva en l'enfermant plus étroitement dans ses bras et en tendant ses lèvres vers les siennes, par une caresse ascendante pleine d'enveloppements voluptueux. Se sentant vaincue, elle recourut à un héroïsme facile à la femme.

— Vlan.

Elle lui envoya un soufflet, un de ces bons soufflets dévots, qui n'ont l'air de rien, mais qui cinglent ferme. Et avant qu'il fût revenu de sa surprise, s'échappant brusquement, elle s'élança dans sa chambre et poussa vivement le verrou derrière elle.

M. le comte était furieux. Pour la première fois, il témoignerait d'une énergie vengeresse. Sans récriminer, ce qui eût été une façon de soumission, il alla quérir son pardessus et son chapeau et s'en fut, chose inusitée depuis son mariage, dîner au cercle. Pour répondre à un mauvais procédé par un autre, il engloutit une tranche de filet et deux bécassines, sans préjudice d'une tranche de foie gras signée Tivolier, et il se promit de souper avec un peu de charcuterie, comme les bons citoyens qui entendent protester, en se gonflant de boudin, contre l'asservissement de l'âme humaine durant les siècles révolus.

Bien que réchauffé par des vins généreux, il trouva son lit bien froid, dans une chambre où il n'avait pas encore couché, depuis qu'ils habitaient cet appartement.

On se retrouva, à déjeuner seulement, en face l'un de l'autre. Tout en affectant de ne pas la regarder, il glissa un œil oblique sur elle et il lui sembla qu'elle avait les yeux battus, comme quelqu'un qui a mal dormi, battus et même un peu rouges, comme quelqu'un qui a pleuré. Le soleil, qui était demeuré caché plusieurs jours de suite, s'était levé et inondait la salle, couchant une nappe d'or sur une nappe blanche et mettant des étincelles aux reliefs des argenteries. Dans la volière, les oiseaux chantaient éperdument, et les fleurs, tulipes et anémones, giroflées et anthémis du Midi, réparties dans deux larges corbeilles, aux deux bouts de la table, vibraient harmonieusement dans cette clarté tiède, comme si un souffle invisible et vivant passait entre leurs pétales. Et le silence même était joyeux par cet éclaircissement subit du ciel, où de larges bandes d'azur abritaient un Océan sous les voiles frémissantes des nuées, flotte en fuite devant la victoire des Midis triomphants. Le silence était comme le recueillement d'une action de grâce.

Quand elle se leva, il la suivit instinctivement, et comme fait l'hypnotisé qu'un autre traîne aux chaînes de sa volonté.

En entrant dans le salon, elle tira les rideaux pour donner plus de discrétion au jour, dont la pièce était vraiment comme aveuglée ; et dans une demi-obscurité très douce et relative, qu'interrompaient, à la fermeture bâillante des draperies, deux larges bandes de poussière d'or venant s'abattre sur le tapis parmi les fausses pivoines et les roses trémières de laine, elle s'assit, après avoir pris un livre qu'il lui eût été bien impossible de lire, sur sa causeuse où précisément, la veille, Maxime avait médité, sa cigarette aux lèvres, en l'attendant.

Sans dire un mot, il s'approcha d'elle, se plaça plus bas sur un coussin et se mit à la regarder, sans pouvoir détourner ses yeux d'elle. Bien qu'il ne la touchât pas, il vivait dans le rayon des choses où tout était empreint d'Elle, et ce parfum de sacristie qui demeure aux cheveux surtout des dévotes et qu'elle avait rapporté de l'office du matin, qu'elle n'avait eu garde de manquer, l'entourait encore de son mystérieux ensorcellement, au point d'évoquer autour d'Elle l'image des Madones aux mains jointes dans les reposoirs pleins de roses artificielles et des anges bouffis, soulevant de leurs têtes bouclées, l'entablement festonné de toutes dentelles des autels. Et vraiment elle était merveilleuse de charme mélancolique dans la discrétion de sa toilette matinale aux tons volontairement amortis. A peine mouchetés par la marche, les petits pieds appelaient les baisers dépassant à peine, de leur bout de chevreau, les plis pudiques de la jupe d'un gris sombre.

Qui des deux fit la suprême lâcheté ? Je ne sais, mais soudain, leurs lèvres se rencontrèrent, et ce fut une étreinte désespérée qui les enlaça, comme s'ils se revoyaient après un très long voyage, désespérée et délicieuse. On sait ce qu'est le pardon entre amoureux. Ils se pardonnèrent l'un à l'autre avec une miséricorde renouvelée, sans se marchander la clémence, avec des générosités alternatives et réitérées. Une grande flambée de soleil, leur venant lécher le visage, les réveilla de ce rêve où toutes les rancunes s'étaient évanouies.

Elle lui dit avec des caresses infinies dans la voix :

— Impie ! Toi qui refuses de croire aux saints mystères de notre foi et à la divine légende de nos croyances, ne te semble-t-il donc pas, comme à moi, que Dieu vient de ressusciter pour nous.

— Pardon ! ma chérie, lui répondit-il de sa voix la plus douce, mais Pâques ne viendra que demain, et nous ne sommes aujourd'hui que Samedi-Saint.

Pensive, elle se tut un instant à cette juste

remarque. Puis elle reprit avec des persuasions infinies dans l'accent :

— Vois-tu, mon aimé, c'est que le cœur de la femme qui aime, avance même sur la bonté de Dieu !

RECONNAISSANCE

RECONNAISSANCE

I

Que celui qui, à dix-huit ans, n'était pas amoureux fou des saltimbanques femmes et dont tout le corps ne frissonnait pas devant le maillot bien rempli de ces dames acrobates ou écuyères, jette la première pierre au jeune Cadet Barbusse, en ayant soin de l'attraper plutôt dans son jardin que dans sa vessie.

En tous cas, je ne suis pas celui-là. L'année même où je devais renouveler ma première communion, j'en fus déclaré indigne par l'Eglise, pour avoir fichu le camp du domicile paternel, à la poursuite d'une demoiselle Olive Loyal, en représentations équestres à Corbeil. Vous entendez? une vraie Loyal, de la grande race rivale, en ce temps reculé, de celle des Bouthors. Voyez-vous que je l'eusse épousée, dans un élan d'honnêteté! C'est moi qui tiendrais peut-être aujourd'hui la chambrière, au Cirque-d'Eté, élégamment emprisonné dans un habit bleu barbeau. Les élégantes du vendredi, ou du samedi (je confonds toujours maintenant le Cirque et l'Opéra, depuis que c'est MM. Rith et Gailhard qui dirigent ce dernier) me feraient des œillades assassines! Ah! que de carrières le Destin jaloux a déjà brisées sous mes espérances!

Donc le jeune Cadet Barbusse, fils de M. Cadet Barbusse, père et maire (sans la moindre intention calembourrique) de la commune d'Etrepagny-sous-Mothe, était absolument éperdu de madame Brambilla, femme du sieur Brambilla, directeur du Cirque Gallo-Américain, alors en représentations dans la petite cité. Le matin même, il lui avait sournoisement adressé un bouquet avec des vers dont voici quelques uns :

> Ah! Si j'étais le cheval
>   Qui t'emporte,
> Loin du cirque, au fond du val...
>   Oh? Qu'importe!
> Par les champs, par les forêts,
>   Au loin je t'entraînerais
>   Prisonnière!
> Nous fuirions par les chemins
>   Et tu tiendrais à deux mains
>   Ma crinière!

et il avait enveloppé, dans ce madrigal fleuri, des offres sérieuses et la demande d'un rendez-vous.

La dernière séance de jour s'achevait, et il était béant devant la parade. Un mot lui fut apporté enfin par un gamin. O ivresse, il la verrait tout à l'heure, avant les séances du soir, à l'heure mystérieuse où s'allument les étoiles, comme pour nous inviter à laisser fermés nos odieux becs de gaz. Mais nous ne comprenons plus le langage sacré des astres avec qui causaient, dans les solennités des nuits orientales, les tranquilles pasteurs de la Chaldée. Certes il la verrait et dans un coin de la baraque qu'elle lui désignait nettement, au moment où elle aurait laissé son mari à table, sous prétexte de remettre ses jolis petits souliers de satin rose.

Notre jeune Cadet Barbusse était positivement fou de bonheur.

II

Le crépuscule est descendu sur la petite ville qu'il enveloppe de ses transparences dorées par les dernières clartés du couchant. L'estrade est vide et les instruments y sont demeurés seuls, trombones cacochymes, ophycléïdes beuglants, trompes bosselées, la grosse caisse surtout, une grosse caisse immense et provenant, sans doute, des musiques de la garde nationale d'autrefois, où tout se faisait à la mesure des tromblons. *Tempus erat quo prima quies*, a dit le poète. Les badauds aussi avaient disparu et la place foraine était complètement déserte, sous le clignotement des premiers réverbères, en attendant que l'animation y revînt, une heure après, dans le tournoiement effréné des chevaux de bois.

Un clown sortit sournoisement de dessous la toile vacillante aux souffles attiédis du soir, s'assura que personne ne le regardait, et s'approchant de la grosse caisse, toujours sur son double X de bois blanc, l'ouvrit comme on ouvre une boîte de bonbons, en dévissant une des parties tendues du parchemin. Puis, dans cet étrange récipient, il fit tomber, sans bruit, tout ce qu'il avait dans sa poche, des porte-monnaie, des mouchoirs, des tabatières, le produit de tous les menus vols qu'il avait accomplis parmi le public de la journée. C'est ce qu'il appelait familièrement : « faire sa caisse » et il n'y manquait jamais, profitant toujours de ce moment d'isolement et de mystère. C'était le seul procédé qu'il eût trouvé pour mettre en sûreté son coupable butin, maître Brambilla, son patron, étant à son endroit plein de méfiance et étant fort capable de le fouiller à l'improviste.

Au moment où Babouli — ainsi se nommait ce clown indélicat — allait refermer cette armoire improvisée, il entendit derrière lui un grand vacarme et dut se sauver en laissant la caisse ouverte.

Au même instant, un homme éperdu que poursuivaient des jurements et un bruit de ferraille, s'y blottissait.

C'était — peut-être l'avez-vous déjà deviné — notre jeune Cadet Barbusse, surpris par maître Brambilla en conversation criminelle avec sa femme.

III

Quand le jaloux arriva sur les talons du larron d'honneur, celui-ci avait disparu complètement dans le cylindre de la grosse caisse. On eût dit qu'il s'était évaporé. Furieux, le mari déçu dans sa vengeance, retournait sa colère contre sa femme et rentra pour lui administrer une maîtresse raclée.

Le séducteur aurait bien voulu profiter de ce moment pour sortir de sa cachette. Mais des pas furtifs l'engagèrent à la prudence. C'était Babouli qui revenait pour fermer la caisse et qui, dans la demi-obscurité où étaient toutes choses, y rajusta solidement, avec une fermeture dont il avait le secret, le couvercle sonore. Voilà notre Cadet Barbusse absolument prisonnier et fort inquiet de la suite des événements.

Cependant, les baraques voisines avaient repris leur vacarme, dans la fumée des torches de résine et des burettes de pétrole pendues à des ficelles. M. Brambilla n'avait aucune envie de perdre une recette et ses musiciens furent invités à reprendre leur place à gauche de la parade. Ce fut un défilé imposant de colonels autrichiens empanachés, avec des brandebourgs au corsage et des culottes de coutil blanc. Celui qui était préposé spécialement aux boûm-boûm de la grosse caisse était un immense Poméranien qui avait une poigne d'enfer. Cadet-Barbusse frémit en entendant ses pas lourds s'approcher de sa cachette.

O *pouvoirs sacrés et mystérieux de la jeunesse et de l'amour!*

Recroquevillé dans sa prison, comme un colimaçon dans sa coquille, il avait encore de coupables pensées et, tortillé par un torticolis, il sentait encore chanter en lui le divin poème du désir. « Il est des morts qu'il faut qu'on tue, » a dit Desnoyers. Il était de ces morts rebelles-là.

Dans cette position critique et inattendue, n'eut-il pas le toupet de faire un petit trou dans le parchemin avec l'épingle de sa cravate, pour guigner les mollets de madame Brambilla, lesquels étaient, il est vrai, les plus délicieux du monde. Deux jolies tourelles d'ivoire, pour parler comme le Cantique des Cantiques!

— *Miousic!* fit tout à coup le clown Babouli, avec une horrible grimace et en pinçant le haut de sa houpette de chanvre.

Dzing! dzing! boûm! boûm! Le Poméranien commença d'abattre furieusement son pilon sur la peau d'âne, d'autant plus furieusement que l'instrument, plein jusqu'au bord, n'était pas précisément sonore.

Dzing! dzing! boûm! boûm! chaque coup de tampon faisait tressauter l'infortuné captif dans sa boîte et la situation devenait insoutenable assurément.

IV

Elle le devint plus encore quand on annonça l'arrivée, dans le public du dehors, de M. le maire et de sa famille, à son fils près, que l'excellent magistrat était disposé à croire partout, excepté dans une grosse caisse.

M. Brambilla fit signe de redoubler la musique et le Poméranien n'opéra plus qu'à tour de bras, secouant le pauvre jeune homme comme une muscade dans son gobelet.

Et M. Brambilla, pour faire honneur aux autorités, annonça un délicieux tour d'escamotage. Il ferait sortir un bouquet d'un chapeau prêté par le premier venu.

— Monsieur le maire, fit-il en saluant, avant de commencer, à vous la surprise.

Le foulard est vivement enlevé du chapeau. Le Poméranien tonne un coup plus formidable que tous les autres, et, en même temps que les roses jaillissaient du couvre-chef, de la grosse caisse crevée sortait le derrière meurtri du malheureux Cadet Barbusse jeune. Le malheureux demandait de l'air.

Madame la mairesse faillit se trouver mal d'indignation.

Mais, voyez comment la Providence sauve les situations les plus désespérées. Vous vous rappelez la fameuse « mèche de Scylla » dans le *Fils de la Nuit*.

Eh bien, il y avait dans la famille Cadet Barbusse, quelque chose de semblable. Tous les mâles s'y reconnaissaient à un morceau de peau de souris qu'ils avaient sur la fesse droite. Cela permit à M. Cadet Barbusse père, de s'écrier, en apercevant l'objet :

— Ciel! mon fils!

Cette revendication paternelle sauva, seule, le malheureux Cadet Barbusse jeune de la vengeance de maître Brambilla et le tout finit par une excellente représentation, où madame Brambilla fit la voltige comme une déesse.

Ah! quels jolis mollets, sous son maillot rose, vous avait cette bougresse-là!

BLAGUES

BLAGUES

I

Nul n'admire plus que moi les qualités subtiles de ce beau livre : *Mensonges*, dont l'auteur est un de mes plus chers amis littéraires et d'où un autre, que je prise fort comme dramaturge, a tiré une comédie jouée il y a quelques jours. Comme je suis cependant Saint-Jean-Bouche-d'Or — ce qui ne veut pas dire que mes dents soient aurifiées — je ne me gênerai pas pour récriminer contre l'un et contre l'autre, en leur faisant une querelle qui n'a rien d'ailleurs de personnel.

Je suis outré qu'on ne nous montre jamais des poètes, dans le livre ou au théâtre, sans en faire des jobards auprès des femmes. Ça n'est pas vrai dans la vie et ça fait le plus grand tort à notre corporation.

Mais il y a à cela une raison qui devrait faire renoncer à jamais à ce genre de personnage, et nous assurer, à nous autres innocents faiseurs de rimes, la tranquillité. Quand, dans un roman ou dans une comédie, on nous présente un monsieur, en nous disant : « c'est un bottier », nous n'en demandons pas davantage. Il peut faire toutes les bêtises qu'il voudra sans compromettre Saint-Crépin. Mais les petits-fils d'Apollon ne se traitent pas avec ce sans-gêne. Quand on nous dit : « c'est un poète », nous y faisons plus grande attention. Nous voudrions bien avoir une toute petite preuve de son génie. On croit à un poète seulement quand on connaît ses vers. Il ne suffit pas qu'on le voie distrait, naïf et bebête pour nous expliquer l'admiration de ses contemporains. Or, c'est seulement ce qu'on nous montre toujours. Faites dire des vers à votre poète, bonnes gens ! Alors je verrai s'il a assez de talent pour se permettre de manquer absolument de bon sens et si je dois trouver vraiment infâme la maîtresse qui trahit un garçon de ce mérite. Sans cela ça m'est fort égal qu'il soit bafoué par elle, aussi égal que s'il était bottier, et je me mets du côté de la rieuse qui se moque d'un imbécile.

Et, puisque j'ai résolu de parler franc, j'ajouterai

que je n'aime pas non plus à voir l'amour ridicule sur la scène ou dans les bouquins. Werther est un livre qui m'horripile. Dans l'espèce, c'est à un puritain du même goût que nous avons affaire. Werther renonce à coucher avec sa bonne amie parce qu'elle est mariée. Celui-ci parce qu'elle trompe aussi son mari avec un autre. C'est cependant le comble de la naïveté d'exiger que sa maîtresse soit en ménage une épouse irréprochable. Que diable ! quand on n'est pas seul à la table des amours, pourquoi défendre à l'amphitryon qui vous invite d'avoir d'autres invités ? Ça l'amuse, cet homme, s'il aime la société, et ça l'enrichit s'il est indélicat. Plus on est de fous plus on rit. Vouloir avoir le monopole de cocufier un quidam est une prétention vraiment outrée. Je ne comprends rien au désespoir de ce jeune homme quand il s'aperçoit que la personne qui trompait son mari pour lui n'était pas une personne digne de tous les respects. Est-ce que ça lui ôte un seul brin de l'estime qu'elle comportait auparavant ? Est-ce que ça lui enlève surtout aucun des charmes qui la faisaient aimable, ceux qui rivent votre chair à une autre chair, et vous font les esclaves d'un parfum, d'une voix, la chose d'une créature sensuellement adorée ? En perd-elle une once du noble séant qui faisait vos délices, un atome de la neige solide de ses seins, ou un reflet de l'or vivant de sa chevelure ? On croit volontiers qu'une femme vous aime quand elle trompe un autre homme pour vous. La logique serait de croire qu'elle vous aime davantage quand elle en trompe deux.

Voilà mon esthétique, à moi, et ma psychologie.

Et maintenant, je vais vous conter la même histoire, à cela près que le héros n'en est plus un poète, et que ce n'est plus une histoire d'amour. Car, en dehors de l'amour et de la poésie, je permets aux hommes d'être aussi bêtes qu'ils le voudront. Je ne les en estimerai ni plus ni moins.

II

Bien qu'idéalement jocrisse, comme vous allez le voir, Polydore Fessier n'avait jamais écrit un vers. Il exerçait une profession tout à fait éloignée de celle des prosodistes. Un grand chimiste ayant découvert la façon de rendre comestible une espèce de champignon sauvage jusque-là inusité en cuisine, la vesse de loup, Polydore Fessier était marchand de vesses de loup en gros, dans le quartier du Mail où il avait un ami, Bertrand Latripette, fabricant d'embouchures de flûtes, qui fréquentait au théâtre et aimait les petites actrices. En dehors de cette camaraderie, Polydore Fessier possédait une cousine charmante, mademoiselle Elodie Bonvent, rondelette aux bons endroits, ici comme une pomme d'api, là comme un magnifique cantalou, de belle chair ferme et savoureux comme il est honorable d'en avoir dans sa famille, chevelue comme Absalon, dentée comme Samary, abondamment pourvue, en un mot, de tous les *greats attraction* qui nous font aimer, dans la langueur tiède des lits, le commerce des belles. Il ne tenait d'ailleurs qu'à lui de l'épouser et de jouir à gogo de ces trésors inestimables. Mais Elodie n'avait pas d'argent et il paraît que le commerce des vesses de loup ne se faisait pas sans frais. Tout en se disant donc qu'il serait parfaitement heureux avec sa jeune parente, Polydore se gardait comme du feu de demander sa main. Et pourtant Elodie lui lançait d'assassinades œillades par dessus les croquenbouches et les godiveaux, quand on dînait en famille, et même laissait-elle traîner auprès de son pied, à lui, son pied mignon, à elle, et qui se cambrait si délicieusement sur le marchepied vivement entraîné en bas des fiacres ! Mais ce Vesse de Loupier était insensible, ou du moins, tenait bon contre son propre désir, ayant d'autres projets en tête que de faire une sotte hyménée, j'entends de se marier sans dot. Durant qu'il cherchait ainsi se voie, Bertrand Latripette était amoureux fou d'une jeune première des Folies-Béranger et lui témoignait sa tendresse en la gorgeant de boîtes de conserves de champignons fabriqués par son ami. Il en voulait d'ailleurs affreusement à cette demoiselle de le tromper, bien qu'il ne lui donnât pas un sou et qu'il sût à merveille qu'elle ne touchait aucun appointement. Polydore le plaignait beaucoup de s'être attaché à cette drôlesse. Il rêvait, dans sa vie, une liaison plus honorable et devait bientôt la rencontrer.

III

Petite, maigriote, affreuse au demeurant, mais elle appartenait au monde et elle était si bien mise. Un luxe inouï, bien que du meilleur goût. Elle se nommait Bertrade de Saint-Minet. Son mari? Un homme qu'on ne voyait jamais, parce que, disait-elle, il avait une mauvaise santé, mais qui, aussi suivant elle, était authentiquement millionnaire. Polydore l'avait rencontrée au Bois, descendant d'un magnifique carrosse à deux chevaux. Il avait osé lui parler. Elle lui avait répondu par la confidence que je viens de vous dire.

Et Polydore s'était dit tout de suite : Femme d'un cacochyme très bien renté, qui mourra bientôt en lui laissant toute sa fortune. Voilà une excellente veuve à épouser avant peu !

Et il commença sa cour, sans être désordonnément pressant, car il ne se dissimulait pas que le moment de la chute serait pénible... pour lui. Il aurait même attendu volontiers le veuvage pour ne jouir qu'en légitime possesseur et en époux autorisé par le code, de tous ces néants. Mais dame Bertrade de Saint-Minet, qui était laide, mais démesurément passionnée, ne l'entendait pas ainsi. Elle succomba malgré le peu d'insistance qu'y mettait son amoureux. Ce fut horrible ! Elle possédait moins encore qu'on ne l'eût supposé sous son corsage et dans ses jupes.

Juste assez de corps pour loger une âme, et encore une petite âme, de celles qui n'avaient pas besoin de Jésus-Christ pour la sauver, et à qui Saint-Jean eût très bien suffi. Polydore plaignit sincèrement les parapluies quand on les coule dans leur étui de serge. Il craignit un instant de demeurer en affront, mais le somptueux décor qui entourait sa faiblesse lui donna le courage de prononcer le mot suprême. Tout cela serait à lui bientôt, quand le vieux aurait claqué! A lui ces lampes et ces baldaquins, ces tapis de Smyrne et ces girandoles! A lui le carrosse armorié qui attendait devant la porte et dont les chevaux, impatients, piaffaient sur le pavé! Ce n'est pas cet animal de Latripette, avec ses cabotines de quatre sous, qui arriverait jamais à s'asseoir dans de tels fauteuils.

Il bénissait l'existence, se disant que, pour quelques secondes fâcheuses qu'il reculerait le plus possible, il était en train d'acheter de longues années de bien-être et de bonheur.

O vanité de nos rêves!

Voilà notre satané Bertrand qui arrive et qui tout de suite met les pieds dans le pot au lait de Perette.

— Tu sais, mon pauvre Polydore, ruinée ta bonne amie!

— Par exemple!

— Mais tu es le seul à ne pas le savoir, et il n'est question que de cela dans Paris. Le vieux Caliban-Bey, son ancien amant, qui lui faisait l'énorme rente dont elle vivait, est mort au Caire, sans lui rien laisser.

— Misérable! Tu mens!

— Et toi, tu m'embêtes, répliqua vertement Bertrand. Informe-toi et tu sauras tout.

Alors, Polydore qui avait toutes les délicatesses de l'âme, se mit à pleurer amèrement à l'idée que le bien-être dont il avait joui, dans l'intérieur de madame de Saint-Minet, lui venait d'une source déshonnête et que ce n'était pas son vrai mari qui l'avait entretenu, lui Polydore. Une telle confusion lui vint de cette découverte que la vie lui parut désormais insupportable et que, tirant de sa poche une vesse de loup non préparée, il se la fit éclater sur le front, dans l'espoir de se brûler la cervelle. Heureusement la cartouche fusa et il en fut quitte pour quelques éclaboussures végétales dans les oreilles et dans le nez.

Sa première pensée fut de retourner à sa cousine Elodie. Mais mademoiselle Bonvent venait de se sauver de la maison paternelle avec un réserviste qui s'en allait donner jusqu'aux coudes de la franche lippée d'amour qu'il venait de voler au mariage et au destin. Aussi Polydore Fessier fut-il « quinaud » comme disait Rabelais, sur toute la ligne, et Bertrand Latripette aussi que sa comédienne mit à la porte.

Ceci est pour prouver que ce n'est pas aux poètes seulement qu'arrivent ces aventures-là.

LUNE DE MAI

LUNE DE MAI

I

Toi qui montes dans l'infini profond des cieux nocturnes, bercée par l'encens des dernières violettes et des premiers lilas. Toi pour qui le rossignol chante son hymne d'amour sous l'obscur rideau des feuilles. Lune de Mai, la plus radieuse des lunes, hostie qu'un invisible ostensoir suspend au-dessus des psaumes de nos tendresses. Lune qui symbolises la plénitude de mes désirs et qui me coiffes aujourd'hui peut-être de ton dernier croissant, benoîte Lune de Mai, c'est sous ton invocation que je mets ce conte et plusieurs de ceux qui le suivront sans doute.

Tu n'es pas aussi débonnaire que tu le sembles, astre copieux et argenté. Si tu es clémente aux amants qu'une chaîne de baisers enlace, tu es impitoyable aux méchants qui rêvent le mal d'autrui et tu venges ton culte outragé dans les fervents de ta splendeur.

Car, dans un autre temps, elle eût été certainement une de tes nymphes fidèles, Diane, et la plus chérie de tes compagnes, cette tant gracieuse madame Pécouli dont je vous vais conter l'histoire. Elle portait, sous ses jupes menteuses, le sceau divin de celles qui te sont consacrées, j'entends le sceau où se complaît la curiosité des numismates et des antiquaires galants. Oui, c'était bien ton image, ô Lune, qui resplendissait sous les insipides nuées de la dentelle et de la soie, objet d'une bien fâcheuse éclipse. Car, plus que toi encore, ô Lune, j'admire tes terrestres sœurs et ce noble derrière féminin qui est le plus honnête délassement des longues vesprées, ce poème en deux volumes, pareils, aussi charmants à feuilleter l'un que l'autre, ce globe au regard cyclopéen, ce monde qu'un Atlas intelligent eût bien vite fait descendre de son épaule sur ses genoux.

Donc, madame Pécouli était née sous la reine des étoiles, celle qui conduit le chœur à travers le jardin d'or des constellations et par le chemin fleuri des voies lactées.

Aussi le docteur Taillefesse, qui était un malin, en avait-il été prodigieusement amoureux.

II

Mais elle avait préféré épouser le banquier Pécouli qui passait cependant pour un imbécile même chez les gens de son état. Un joli garçon d'ailleurs, ce Pécouli, et qui tout de suite, initia sa jeune femme aux délices compliquées de la grande vie. Ah! le pauvre sot! Si j'eusse possédé un tel trésor, j'en aurais été autrement avare et, comme les hannetons qui, avant de s'envoler, comptent leurs écus, je serais demeuré en contemplation véhémente devant celui de ma femme, dans les solitudes sélénéennes, au lieu de la promener, tout de suite, dans le monde des godelureaux, lequel est le plus pernicieux que je sache à l'honneur des maris.

Aussi commençaient-ils, chaque matin, la journée par une promenade à cheval au Bois, au lieu de demeurer sournoisement dans leur lit sous cette jolie buée de lumière que l'étoffe des rideaux tamise et que raye, çà et là, quelque bande de poussière dorée, quelque rayon de soleil vibrant et perdu. Je ne sais pourtant rien de plus exquis que les clartés roses que ces papillons prisonniers de l'Aurore posent sur les chairs nues de la femme, là justement où madame Pécouli les avait le plus abondantes et le mieux pourvues.

Elle portait d'ailleurs, pour ces équestres exercices, une amazone très indiscrète et qui faisait loucher terriblement les cavaliers passant sur le sable alourdi des allées. Ce triomphe plaisait à sa naturelle coquetterie et son jobard d'époux avait la naïveté de s'en réjouir autant qu'elle...

— C'est donc une aventure de cocu que vous nous allez dire ?

— Une aventure de cocu, mes bons seigneurs ! Et ma vieille renommée d'écrivain austère ! Il n'y avait d'ailleurs pas trois mois que le banquier Pécouli était marié ! Un peu de patience, que diable ! Les cornes viendront en leur temps. J'en sais, pour le moins, trois fabliaux qui, par la suite, vous feront rire.

Dans l'espèce, ce ne fut pas Pécouli, mais sa femme qui fut lésée. Et ce ne fut pas au front, mais ailleurs.

Un jour, après un temps de galop trop prolongé aux environs de Bagatelle, la jeune femme se plaignit de ne se plus pouvoir asseoir sans des douleurs intolérables. Le duvet de sa pêche avait été complètement enlevé. Elle ressemblait à Marsyas par ce côté de sa figure. Les gens de cheval appellent cela avoir un bœuf à la Mode. Fi ! le vilain mot !

On décida de mander au plus tôt le docteur Taillefesse.

III

Quand celui-ci sut ce dont il s'agissait, il se sentit le cœur empli d'une joie infernale. Quel panorama à s'offrir et quelle vengeance à savourer! Il avait justement composé, le drôle, pour ce genre de brûlure sans feu, une poudre presque impalpable et tellement astringente qu'elle resserrait diaboliquement les tissus au point d'en réduire presque à néant les pertuis naturels.

— Si j'en pouvais laisser tomber quelques grains un peu plus bas! pensait le machiavélique praticien en qui s'étaient réveillées toutes les haines de l'amour méprisé.

Et cette idée le faisait sourire au point que ses oreilles effrayées en avaient un mouvement de recul, et que ses dents apparaissaient, sous ses lèvres, comme les touches d'un piano sur lequel aurait couru une écrevisse.

— Hi! hi! hi! hi? faisait-il sataniquement.

Et avec une petite boîte de la précieuse poudre, il se rendit auprès de la malade qui s'excusa de ne se pouvoir mettre sur son séant pour le recevoir.

Oh! l'hypocrite onction et la bienveillance ironique avec laquelle il lui répondit :

— Retournez-vous, madame.

Madame Pécouli obéit. Toujours étendue sur son canapé, elle fit péniblement volte-face et, lentement, comme pour mieux savourer la joie enfin permise, le docteur souleva la jupe de son peignoir et aussi la fine baptiste qui semblait alors, à la pauvre femme, aussi cruelle que la robe de Nessus.

— Oh! oh! oh! oh! faisait-elle, en bonne douillette qu'elle était.

Car, il ne faut rien exagérer vraiment. Le velours de sa peau avait à peine été légèrement rebroussé et rien ne ressemblait moins à une écorchure que le joli rose tendre qu'avait laissé la selle, comme une pudeur fugitive, à ce charmant visage qu'allait contempler Taillefesse pour la première fois. Tel rougit, sous le voile, le front charmant de la fiancée.

Quand le dernier nuage se fut envolé et que Phébé apparut en son plein, le pauvre docteur eut un tressaillement par tout le corps et fut pris d'une émotion indicible. Le raille qui voudra? Moi, j'en appelle à vos souvenirs! Il n'est pas d'événement plus considérable dans la vie d'un homme de bien, que cette découverte longtemps choyée dans l'esprit, du pétard de la bien-aimée! O chères et lointaines Amériques dont je fus le Christophe Colomb, pampas voluptueux vers qui veut aborder mon rêve, montagnes de neige et forêt vierge vers qui je tendis mes mains reconnaissantes, vous avez sonné les plus belles heures de ma vie!

L'image paraît audacieuse. Mais elle me servira de transition.

IV

Une étrange sonnerie retentit, en effet, aux oreilles du docteur. En même temps ses mains se portèrent à ses yeux et il se mit à éternuer si éperdument qu'on eut pu craindre que son cou se dévissât.

— Atchi! Atchi! Atchi! faisait-il furieusement, scandant cette musique par un cri de douleur. Et le bon Pécouli lui tapait, comme un sourd, dans le dos, pour le remettre.

Ah! ce qui s'était passé peut se conter en deux mots.

Dans l'état d'émotion irrésistible où l'avait mis le spectacle que j'ai dit plus haut, Taillefesse avait senti sa boîte de poudre glisser entre ses doigts. Celle-ci s'était vidée entre les deux hémisphères qu'elle était destinée à guérir. Et prout! surprise par une abominable cuisson, madame Pécouli n'avait pu retenir le soupir libérateur auquel elle dut le salut. Car ce vent opportun, musical et parfumé, dispersa violemment la poudre et ne lui permit pas un plus long contact avec l'épiderme de la patiente. Seulement la dite poudre sauta justement dans les yeux du docteur, dans son nez plein d'aspirations et dans sa bouche ouverte par l'extase.

Ah! l'effet fut foudroyant.

La maudite poussière était plus astringente encore qu'il ne l'avait supposé. Soudain ses yeux se mirent à rapetisser, ses narines se bouchèrent presque et sa bouche, d'énorme qu'elle était, devint, sauf votre respect, comme un cul de poule, voire de poule constipée! Et rien n'y put faire depuis. C'est là qu'apparaît vraiment la vengeance de la Lune outragée. Avec ses prunelles grandes au plus comme deux grains de millet, son nez qui s'est intérieurement retiré en lui-même comme un colimaçon se recroqueville, sa bouche qui n'est plus qu'un petit trou, Taillefesse ressemble de loin à un monsieur qui aurait mis son chapeau là où l'on a coutume de mettre sa culotte. Sa face est positivement la caricature du magnifique séant de madame Pécouli.

L'autre jour le pauvre homme s'était baissé pour herboriser le long des haies.

— Malpropre! lui cria un propriétaire furieux.

La vie lui est devenue intolérable. Lune de Mai, aie pitié de lui!

LE REMORDS

LE REMORDS

I

Il n'est peut-être personne d'entre nous, fit sentencieusement Maître Baudrille, qui n'ait, au fond de la conscience, quelque crime à se reprocher.

Et, comme nous nous récriions tous, au nom de notre existence immaculée :

— Nous autres avocats, continua-t-il, nous sommes un peu comme des confesseurs et nous entendons souvent des aveux faits pour nous surprendre. Soyez francs avec vous-mêmes. Cherchez bien et fouillez vos souvenirs. Vous y trouverez certainement quelque action bien noire dont il convient de vous repentir.

Et, de bonne foi, chacun de nous fit son examen, tout en humant silencieusement la fumée de sa cigarette. Nous étions six bons compagnons réputés pour les plus honnêtes gens du monde. Trois d'entre nous, sans avoir précisément volé, avaient conclu de menus marchés préjudiciables à autrui; un autre avocat avait tué un cocher dans un mouvement de colère; moi j'avais souvent fraudé la douane et j'en convins avec une coupable fierté.

— Moi, dit Eliacin, quand ce fut son tour et le plus simplement du monde, j'ai fait mourir mon oncle après l'avoir déshonoré.

Ce nous fut une surprise d'entendre cet aimable garçon de vingt ans nous donner cette gracieuse nouvelle.

— Et, de plus, ça m'a joliment fait rire, ajouta ce brave cœur.

Nous reculâmes tout doucement nos fauteuils de celui de l'assassin qui poursuivit sans s'émouvoir davantage de l'horreur peinte sur nos visages :

II

— Ma principale excuse est que mon oncle avait été mon bienfaiteur. J'étais de tous ses neveux celui qu'il avait le plus gâté et bourré de sucreries dans son enfance. Il m'avait même donné de nombreuses indigestions avec des bonbons. Est-ce de cela que je lui gardais une inconsciente rancune? Car, au fond, je croyais beaucoup l'aimer. Le genre de son trépas indiquerait plutôt une justice du destin qu'elle n'implique ma scélératesse personnelle. Ce brave homme, qui se nommait Malefoire, avait épousé une femme beaucoup plus jeune que lui. Si vous aviez connu ma tante Henriette, vous auriez bien vite compris que mon oncle devait être infailliblement cocu. Et vous auriez voulu que je laissasse quelque étranger lui rendre ce familial service? Un inconnu! un maladroit peut-être! Non! non! le sentiment de mon devoir me vint dès l'entrée de cette aimable créature sous son toit. Je n'avais que dix-huit ans mais j'avais lu Corneille.

Au fait, je ne vous ai pas dit comment était ma tante Henriette? Pas bien grande; un peu boulotte même; mais de jolis yeux bleus, une bouche en cœur, un menton troué de fossettes, des pieds et des mains d'un grassouillet et d'un mignon exquis. Voilà ce que tout le monde en pouvait voir comme moi. Mais il y avait mieux encore dans sa personne. Car ce n'est pas un mince trésor, Messieurs, que de belles épaules flexibles et blanches qui semblent fondre sous l'embrassement, des hanches qui regimbent, au contraire, contre toute étreinte, une gorge révoltée et un ventre poli comme un lac qu'un seul nénuphar fleurit. Je ne vous conterai ni le miracle de ses mollets duvetés comme des pêches, ni la merveille de ses cuisses, ni ce que le Cantique des cantiques appelle chastement: *et quod intrinsecus latet!*

17.

Je vous souhaite à tous une tante comme celle-là. Oh! les belles vacances quand je venais pour un grand mois chez mon oncle, ce bon mois qui n'est déjà plus l'été brûlant et que n'attristent pas encore les premières rouilles de l'automne. Ce Malefoire, que ma mère avait eu pour frère, n'était pas un homme encombrant. Il passait ses journées à visiter des métairies. Et nous, pendant ce temps-là!... Chère et hospitalière maison dont il n'est pas un coin qui ne me rappelle quelque trahison adorable de cette charmante femme à l'endroit de son confiant mari! chambres d'amis dont nous avons fait des chambres d'amants! petit salon où le vent du jardin frémissait au travers des jalousies baissées; salle de bain où nous descendions tous les deux dans la tiédeur de l'eau qui se refermait sur nous; grenier où les foins nouveaux nous faisaient un lit parfumé; cave où des vins généreux nous réconfortaient après la lutte; endroit secret... Enfin partout! partout!

Et, sous le poids de ses tendres souvenirs, le pauvre Eliacin fondit en larmes. Ce que voyant, Maître Baudrille nous dit :

— Vous voyez que c'est, au fond, une bonne nature.

Cet accès de sensibilité passé, Eliacin continua comme il suit :

III

— Ma tante Henriette avait fait des confitures ce jour-là. Et quelles confitures! Mille chapelets de mirabelles s'étaient égrainés dans la large et luisante bassinoire de cuivre. J'en avais scrupuleusement, pour ma part, retiré tous les noyaux. Pour cela, je les mordais et je passais doucement le noyau entre les lèvres de ma tante, après l'avoir un instant caché sous les miennes dans un baiser où se faisait cet échange. C'était un peu long, mais bien récréatif. Ah! qu'elle était belle ma respectable parente, avec ses manches retroussées, sa jupe retenue au corsage par une épingle, dans le déshabillé qu'exigeait un pareil ouvrage, avec cette jolie buée que la chaleur du feu avait mise sur son cou comme une rosée! Il faut quelquefois être bien ingrat pour ne pas aimer sa famille!

Et avec quelle méthode elle les faisait ses confitures, non pas à la diable, comme les ménagères de quatre sous! Elle congédiait, ce jour-là, tout le domestique, pour être laissée seule à sa méditation, et nous assurer, en même temps, le recueillement qui faisait nos délices. Dans un premier vase, elle avait confectionné son sirop qui attendait les fruits, seulement après une cuisson rapide. Toute la grande école des confitures repose sur ce principe fondamental. Le vase était, dans l'espèce, un immense chaudron au fond brillant comme de l'or.

Les mirabelles mijotaient avec un bruit doux. Il fallait attendre encore un peu. Mais nous avions beaucoup de patience et le temps ne me paraissait nullement long, avec ma tante sur mes genoux et me faisant face, comme je l'y avais installée.

Son poids me caressait d'une chaleur exquise,

pour dire, en un hexamètre, l'impression la plus nette que j'en ressentais. Ses bras me serraient délicieusement le cou et sa bouche courait sans cesse à ma bouche.

— Sapristi! fit-elle tout à coup.

Une clef avait pénétré dans la serrure. Mon oncle rentrait au moment où l'on l'attendait le moins. Ma tante sauta légèrement à terre, mais non sans donner cependant à la chaise qui me soutenait un mouvement de recul qui m'envoya tomber, pile en avant, dans le chaudron plein de sucre fondu, lequel avait précisément la dimension d'un bain de siége.

Ouvrant la porte la première, ma tante emmena mon oncle dans le jardin sans l'avoir laissé entrer. Je pus me dégager de ce pantalon de cuivre, mais une brûlure horrible ne me permit pas d'aller plus loin que la chambre de mon oncle, laquelle était au premier; là, je pris une éponge, je la remplis d'eau froide, et je me bassinai furieusement, en ayant soin de me mettre, pour éviter toute inondation au parquet, au-dessus du vase qu'on nommait *Amis* en grec, et qu'on ne nomme pas honnêtement en français.

IV

Le docteur Guilledou venait précisément dîner ce jour-là. C'était un médecin narquois et fort gourmand. Ma tante Henriette l'avait invité pour lui offrir l'écume de ses confitures, c'est-à-dire ce qui en est comme la fleur et certainement le plus délicieux. Je souffrais encore beaucoup, mais il fallait bien faire bonne contenance. Les sourires compatissants de ma tante Henriette me rendaient seuls quelque courage, et l'humide éclat de ses dents apparu entre ses belles lèvres roses, me faisait descendre un frisson de fraîcheur jusque-là où j'en avais si grand besoin. J'aurais certainement, comme Phèdre, été mieux assis à l'ombre des forêts et surtout au bord d'une source sur laquelle, nouveau Narcisse, j'aurais penché un autre visage dont un caprice des Dieux eût peut-être aussi fait une fleur. La plante que nous appelons Soleil n'a peut-être pas d'autre origine. Les cannelures de ma chaise me semblaient dessiner sous moi un damier de feu. Enfin le repas s'acheva et ce fut dans le jardin qu'on alla prendre le café. Le vent du soir me rafraîchissait le front, et j'eusse souhaité qu'il me fût permis de ne pas ôter seulement ma casquette. Tout à coup le docteur Guilledou rentra. Mais personne ne s'en émut. Car nous connaissions ses habitudes, et que, très familier dans la maison, c'est dans la chambre même de mon oncle qu'il allait, au besoin, réparer sa toilette ou prendre de sa personne quelque autre menu soin.

Quand il redescendit, il avait un sourire méphistophélestique à la bouche.

— Ah! ah! mon gaillard, fit-il très gaiement à mon oncle, nous faisons donc de la raffinerie clandestine?

Et comme mon oncle le regardait avec hébétement :

— Va donc voir, mon ami, le microcosme de mouches qui fait une doublure noire à ce... qui ne te sert pas de rince-bouche.

— Hein? fit mon oncle, en tressautant de son siège.

— Le diabète, heureux drôle! le bon petit diabète, qui vous ratisse son homme en deux temps et quatre ordonnances.

Mon pauvre oncle était atterré.

— Mais il y a un régime, hasarda ma tante Henriette très émue.

Joli le régime! Le docteur Guilledou interdit formellement au doux Malefoire les farineux et, en particulier, les haricots, ce qui supprima toute gaieté de sa vie. Le malheureux homme tomba dans une mélancolie si profonde qu'il mourut hypocondriaque dans l'année. Ce fut un grand chagrin pour moi. Car ma tante épousa un second mari qui, celui-là, ne veut pas se laisser faire.

— Le remords, dit maître Baudrille. L'inexorable remords.

Et tous nous serrâmes la main d'Eliacin avec infiniment de sympathie.

LE CHAPELET

LE CHAPELET

I

Or donc, ne vous alarmez pas, belles lectrices chères dévotes que je veux compter parmi mes fidèles — car ce m'est une grâce de plus, chez la femme, que sa soûmission aux choses de la foi, — et ne croyez pas à quelque irréligieux récit comme les imaginaient volontiers les écrivains de la fin du dernier siècle. J'ai, plus que personne, le respect de tout ce qui est saint et n'estime rien tant que les gens qui se vouent à l'enseignement des doctrines surnaturelles. Car, pour ce qui est du reste, il ne s'apprend que trop dans l'expérience de la vie. Les poètes n'oublieront jamais qu'ils ont jadis porté la robe blanche des prêtres et qu'ils ont, les premiers, à la face du monde, vénéré les Dieux immortels, brûlant, au seuil des temples, l'encens et mêlant leur divine musique à ses fumées. Ils seront éternellement pour ceux qu'un idéal emporte par delà le séjour des terrestres soucis, au pays bleu des étoiles.

Non certes je ne plaisanterai ni curés ni moines dans cette très véridique histoire qui me fut narrée par un vieux d'Ornolach, au beau département d'Ariège, tandis que le fleuve faisait un grand et inutile tumulte en se brisant aux cailloux et que les pâtres chantaient, au loin, de très mélancoliques choses en descendant de la montagne, pleine de sauvages parfums, dans la clarté crépusculaire du jour déclinant, à l'heure où toute crédulité nous vient d'une délicieuse paresse de l'esprit. Qu'aucun scandale ne vous en vienne donc, douces diseuses de patenôtres qui, durant ce mois de Mai, qui est celui des derniers lilas et des premières roses, exhalez des cantiques devant les autels fleuris et, charmantes à voir inclinées sur le dossier de vos chaises, priez pour les pauvres pécheurs que nous sommes et qui se garderont bien de devenir parfaits pour cela.

II

Or donc, redirai-je encore, tout près de notre Tarascon qu'il ne faudrait pas confondre avec celui de Provence, lequel ne nous le pardonnerait pas, vivait, il y a quelque cinquante ans, un pauvre diable nommé Antoine qui n'avait ni sou ni maille vraiment, bien qu'il fût jeune et eût pu travailler comme un autre. Mais la paresse est un vieux défaut de là-bas, et puis convient-il honnêtement d'appeler paresse ce goût divin de la rêverie qui nous détourne des vulgaires labeurs où se gagne le pain de chaque jour? Ce n'était vraiment pas la faute de cet Antoine si les éducateurs de cigales ne sont pas tenus pour d'aussi utiles citoyens que les pousseurs de charrue et si leurs voisins se refusent à les nourrir. Le pis est qu'il n'était pas seul à supporter cette misère, ayant pris femme de bonne heure, et quelle femme! la plus jolie qui se pût rêver là où sont tant de belles filles aux chevelures sombres, avec des yeux où le velours des prunelles semble tendu sur une braise qui le troue, çà et là, d'une brûlure étincelante. Elle se nommait Pauline et n'était pas moins brave que son époux, j'entends incapable de faire du mal au prochain, — bien au contraire, — et stupidement vertueuse avec cela.

Non! c'était trop dur vraiment qu'une telle créature fût réduite aux insuffisantes nourritures que fournissait au ménage la pitié, les comestibles sauvages qui croissent au bord des chemins, racines amères où se déchiraient ses gencives délicates. A cet état d'anachorète, elle avait perdu ce qui lui eût été un charme enveloppant tous les autres, cet embonpoint exquis qui est comme le pain bénit des caresses. Le noble dessin de son corps était comme un rudiment, comme une simple ébauche de la beauté qui eût été sienne, si les reliefs s'en fussent mieux accusés dans la plénitude savoureuse des chairs. Et c'était grand'pitié, je vous jure, que le bien-être ne fît épanouir dans sa fleur cette splendeur naturelle, cette faveur du Destin. Quant à Antoine, il était si maigre qu'au lieu de l'ausculter, quand il avait pris quelque froid, le vieux docteur Pétalas lui mettait une chandelle d'un côté, le regardait de l'autre et jugeait par transparence de son état, comme on juge de la hauteur d'une bougie à travers une lanterne.

III

Or, notre Antoine fit un gros péché. Un mécréant l'ayant invité à déjeuner, il se régala chez lui d'un superbe quartier de porc, bien que ce fût un vendredi. Et parbleu! après de si longs jeûnes, qui lui en oserait faire un crime? Son seul regret fut de n'en pouvoir apporter un seul relief à Pauline, son hôte étant aussi avare que dédaigneux des commandements du Seigneur. Mais quand Pâques vint, un mois après, il lui fallut bien songer à se confesser de cette action coupable. Car c'était un bon chrétien et qui, pour rien au monde, n'eût voulu trépasser en état de péché mortel. Or, le saint homme qui reçut ses confidences lui voulut bien octroyer l'absolution, mais à la condition expresse que, pendant une année, il réciterait, chaque soir, comme pénitence, le chapelet. Trop heureux d'en être quitte avec Dieu, à si bon compte, notre homme n'en demanda pas plus long.

Mais comme il était, au demeurant, d'une érudition médiocre en matière de dévotion pratique, dut-il aller, en sortant de l'Eglise, trouver son voisin Garrigue qui en savait infiniment plus que lui et lui demander quelques éclaircissements. Avec une complaisance infinie, ledit Garrigue lui montra l'enchaînement des grains qui servent à ce pieux exercice et lui expliqua comment, par chacun d'eux roulé sous les doigts, il convenait de dire un *Ave*.

— Et ensuite? demanda Antoine.

— Ensuite, on baise la médaille qui est au-dessous.

— Et me pourriez-vous bâiller un chapelet, mon doux Garrigue ? car l'argent me manque tout à fait pour en acheter quelqu'un.

— Non pas certes, répondit véhémentement le professeur de patenôtres. Tu n'aurais qu'à ne pas me le rendre.

Et le gros homme, — car il était aussi dodu qu'Antoine était patibulaire, — le poussait doucement vers la porte avec une pantomime onctueuse mais d'une grande limpidité.

— Et comment ferai-je alors? soupira le malheureux.

M. Garrigue n'était pas un mauvais homme au fond. Il était, de plus, bon raillard à ses heures : j'entends qu'il se moquait doucement du prochain. Réprimant assez mal un large rire qui lui venait aux lèvres :

— Dieu ne t'a pas abandonné, fit-il, mon garçon, et la Providence, en personne, a songé à te tirer d'embarras. N'as-tu pas un chapelet vivant dans ta maison.

Et comme Antoine le regardait avec un doux air d'ahurissement :

— Par une faveur du Très-Haut et la grâce des jeûnes que tu lui fais supporter, ta femme est en état de t'en servir. As-tu compris?

— Pas encore.

— Quand tu te mettras au lit, le soir, auprès d'elle, au lieu de passer le temps à quelque badauderie conjugale dont le Ciel ne fait qu'un cas médiocre, même dans les légitimes unions comme la tienne, tu poseras les doigts au-dessous de sa nuque, et, en descendant, le long de son échine, tu rencontreras une série d'anneaux, ou mieux de reliefs osseux qui te pourront parfaitement servir à compter les *Ave* que tu dois dire. N'aie garde d'en passer deux de suite, car tout serait à recommencer.

— Fort bien, fit Antoine. Mais la médaille?

— Parbleu! conclut M. Garrigue en pouffant dans ses bajoues de chanoine, tu la trouveras aussi au bas et la baiseras dévotement.

Et fort satisfait de sa consultation, il congédia le

pénitent, pour s'esclaffer tout à son aise, aussitôt que la porte fut fermée.

IV

Ce n'est pas le Royaume des Cieux seulement qui est aux pauvres d'esprit, comme le leur a promis l'Evangile, mais aussi le royaume des terrestres biens. Car vous avez remarqué comme moi que la sottise était presque toujours encouragée par le Destin. Ainsi voyons-nous beaucoup de misérables fort ingénieux manquer de tout, durant que l'opulence vient aux imbéciles par quelque hasard de la naissance ou de la fortune. Le saint qui patronne avec obstination les crétins ne pouvait manquer de s'intéresser à l'extraordinaire naïveté que montrait Antoine en suivant de tous points les prescriptions de ce farceur de Garrigue. Néanmoins ne commençait-il son chapelet qu'après quelques menues autres dévotions, pour lesquelles il ne professait pas le même mépris que son obèse voisin, et la pratique en devenait chaque jour meilleure, par la raison que je vais vous dire incontinent (comme je me souhaite d'être toujours et vous pareillement !). Le Ciel, vous dis-je, avait reconnu pour sien cet homme de bonne volonté et un héritage inattendu était venu à Antoine, lequel l'avait mis soudain dans une aisance qui faisait crever d'envie tout le monde autour de lui. Et ce qu'il en profitait pour faire de copieux repas et bien fournis de délicates volailles, agnelets croustillants, chapons pleurant des larmes de graisse, outardes ou canepétières qui sont, en la saison, un excellent gibier, truites jetées vivantes à la poêle... que sais-je encore! Et un joli ventre lui poussait, comme si quelque Éole bienveillant lui eût soufflé au derrière. Mais la merveille était le délicieux embonpoint que Pauline avait contracté à ce régime nouveau et qui l'avait amenée à la perfection de ses formes, bien faites pour ce confortable de contours. Tout en elle, s'était harmonieusement arrondi et ma retenue naturelle m'empêche seule de vous décrire la splendeur de son... Comme on est bête de reculer toujours devant le mot et que la vieille femme de ce pays-là avait raison qui disait à sa fille : « Va! va! mon enfant, c'est toujours du même morceau que le visage, seulement ça n'est pas fait de la même façon! »

Oui, mais impossible de retrouver maintenant les grains du chapelet entre ses épaules et le long de ses reins dodus! Impossible! Aussi Antoine en acheta-t-il un superbe aux grains d'argent massif et qui ne quittait pas son chevet. Car il était reconnaissant à Dieu de ce que celui-ci avait enfin pris pitié de sa misère.

Comme il montrait un jour ledit magnifique chapelet à M. Garrigue pour le faire un peu enrager :

— Il est fort beau, fit celui-ci en pinçant jalousement les lèvres. Mais où est la médaille?

— La médaille! s'écria Antoine avec conviction. Mais je n'ai pas été assez bête pour en changer!

ZÉPHYRANA

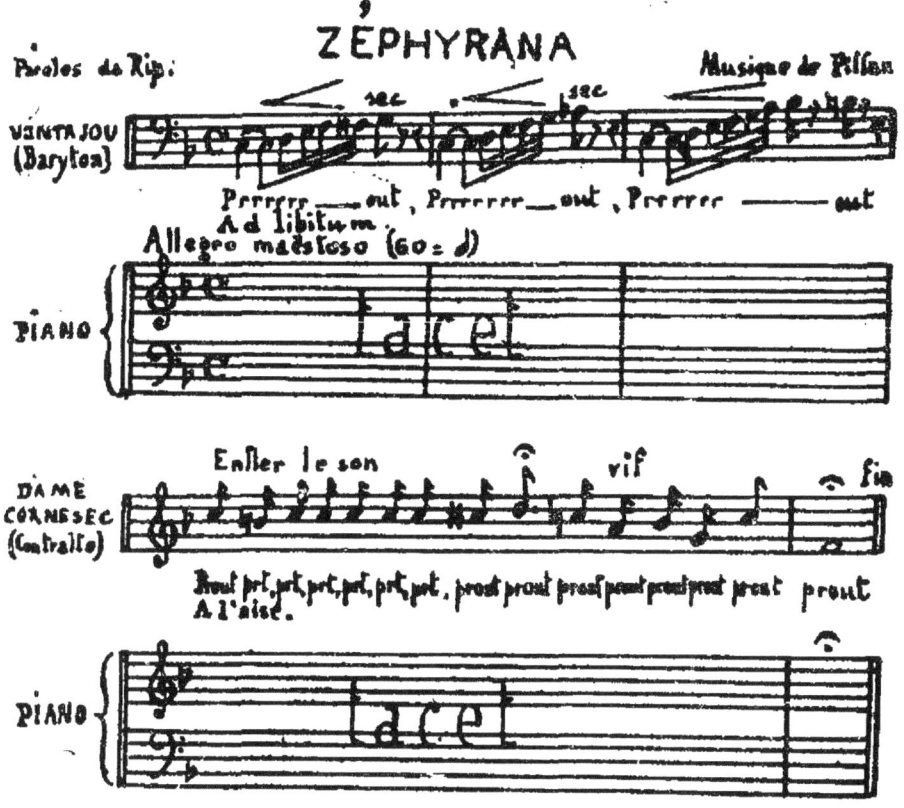

ZÉPHYRANA

I

Non, celui-là, marquise, n'est pas un conte à dédaigner; c'est un conte de derrière les fagots! — j'entends les fagots que confectionne lui-même le Dieu Éole, quand il ébranche, avec de grands souffles, les forêts automnales et jonche le sol de ces jolis brins de bois noir, qui exhalent dans l'âtre une âme si harmonieuse et crépitent en flambant pour réjouir les bonnes gens.

Je vois d'ici, marquise, se friser votre petit nez. Je sais que vous n'aimez pas ce genre d'histoires incongrues ou que, du moins, vous feignez de ne les pas aimer. Toutes mes excuses. Mais ce n'est pas avec les bons billets à la Châtre, dont vous me bernez, que vous me ferez renoncer aux bruyantes gaîtés dont j'ai le goût, et à ce tant merveilleux sujet des musiques naturelles dont se régalaient les oreilles, moins bégueules que les nôtres, de nos aïeux. Vous aurez beau dire, vous ne ferez pas, quand une conversation languit, qu'un de ces bruits, dont vous avez horreur et placé à propos, ne la ranime au contentement général. J'ai connu un garçon doué d'une très belle âme, qui se mêlait aux enterrements même de gens inconnus, pour pousser cette note au milieu de l'universelle mélancolie. Et l'effet était irrésistible. Les parents du trépassé eux-mêmes oubliaient leur douleur pour s'esclaffer dans leur mouchoir. Le mort lui-même s'en mêlait quelquefois, — car vous n'ignorez pas que ce langage survit à l'autre et que tout dernier soupir qui vient, d'ailleurs, est une contrefaçon, — enfin les orgues elles-mêmes oubliaient, un instant, la tristesse du *De profundis*. Trouvez-moi donc une autre panacée pareille au mal qui ronge de sérieux et d'ennui, les hommes de ce temps !

Non ! non ! marquise, tant que vous ne m'aurez pas clos la bouche avec un de ces baisers, tout en saveur, comme disait Ronsard, et que les vrais amants échangent seuls, où se mêlent les souffles bien au delà des lèvres, vous n'obtiendrez pas de moi que je mette une sourdine aux cordes éoliennes, dont j'aime à célébrer les accords et à redire les chants ; et tant que vous ne me suivrez pas dans les bosquets recueillis que je sais, où l'oblique clarté des étoiles met, seule, un frisson d'argent à l'envers tremblant des feuillages, c'est ailleurs que j'irai écouter les brises du soir et en respirer le parfum.

Vous refusez encore aujourd'hui, malgré que la vesprée soit la plus douce du monde et que les foins coupés répandent une griserie délicieuse dans l'air à demi transparent du crépuscule. Tant pis pour vous !

II

Je vous ferai observer que nous sommes d'ailleurs à la campagne, au milieu des arbres en plein vent (soit dit pour vous préparer par la douceur des images populaires et des locutions proverbiales), dans la maison rustique d'un simple boulanger d'origine marseillaise, — or, dans les pays où l'on mange beaucoup d'ail, force est souvent de renifler les gens d'un autre côté, — que cet homme se nommait Ventajou et que certains noms portent en eux l'impitoyable secret d'une destinée. Ce Ventajou ne se contentait pas de se nettoyer nuitamment le corps, comme ont coutume de faire ses pareils, avec ce que nous mangerons le lendemain. Il était fort habile braconnier et n'avait pas son égal pour descendre une volée de perdreaux, sans avoir fait l'inutile dépense d'un port d'armes. Et, comme les bons ouvriers se contentent des plus médiocres outils, il lui suffisait, pour ce carnage aérien, d'un simple fusil fort ancien, avec un seul canon, se chargeant par la baguette, une façon de couleuvrine qu'il pendait au-dessus de sa cheminée et dont tous les chasseurs riaient sans en pouvoir égaler les exploits. C'était merveille, à l'issue de sa toilette nocturne à nos dépens, de le voir passer une méchante blouse bleue et s'enfoncer dans l'herbe mouillée, guettant, comme la méchante orfraie, le réveil mélodieux des oiseaux pour les cribler de cendrée. Et son adresse en imposait aux gardes champêtres eux-mêmes, qui ne le voyaient pas systématiquement et se cachaient même dans les taillis pour assister aux miracles de son tir. Et les fleurs qui s'ouvraient comme des yeux dans les gazons, montaient jusqu'à lui de jolis regards chargés de reproches et où tremblaient des perles.

Vous vous rassurez insensiblement, Marquise? Jusque-là mon récit n'a rien d'inconvenant. Vous croyez que j'ai voulu vous faire une fausse peur pour obtenir ce que vous me refusez?

Vous vous trompez. Je ne menace jamais vainement.

— Eh quoi! ce pauvre et sympathique Ventajou vivait seul comme un ermite?

— Non, madame, il avait une concubine — le mot est affreux, mais je l'emploie à dessein — et cette concubine, qui était en même temps sa servante, s'appelait dame Cornesec.

III

Or, durant les longs soirs d'hiver, ils n'avaient pas grand divertissement dans leur cabane, dont le toit fumait de la dernière fournée, un toit agreste, où les rats couraient volontiers parmi les chaumes, dans l'air froid, où les étoiles semblaient comme des grains de grésil. Ils n'avaient ni jeu de cartes, ni jaquet, ni dominos pour faire une partie à la chandelle, en buvant un verre de vin de Narbonne, épais et pourpré comme du sang coulant de la blessure d'un héros. Et se recoquevillaient-ils, à croppeton, suivant le mot imagé du vieux poète Villon, auprès du grand feu, dont s'effondraient lentement les bûches dans un microcosme d'étincelles, s'endormant souvent comme deux vieux, bien que l'un et l'autre fussent dans la fleur vaillante de l'âge. Et Pan ! c'était généralement madame Cornesec qui rompait le silence ensommeillé, par une belle détonation. — Pan ! répondait M. Ventajou, comme un écho qui grossirait les sons au lieu de les amoindrir. Et tous deux riaient, en se tenant les mains sur le ventre comme pour y couver l'œuf explosif d'un second coup. — Prout ! insinuait madame Cornesec dans un mode différent et M. Ventajou répondait : — Prout ! sans sortir de la tonalité ; car il avait l'oreille merveilleusement exercée. — A toi ! — A toi ! Et c'était comme un volant que se renvoyaient deux raquettes, un invisible volant, dont on n'entendait que le bruit sec au moment du choc. — Attrape ! — Bien répondu ! Et ainsi le temps des interminables veillées passait-il pour eux bien innocemment, j'entends sans causer le moindre mal au prochain.

Par exemple, ils ne manquaient jamais de se disputer au moment de la distribution des récompenses. Chacun d'eux réclamait le premier prix, du consentement de son rival. Madame Cornesec se recommandait d'une franchise plus grande dans l'exécution; M. Ventajou se targuait d'une sonorité plus intense. Parfois organisant une véritable cible, ils éteignaient des lumières à distance pour juger de la force projective de leurs armes naturelles. Les avantages se balançaient et tous deux étaient d'accord que l'expérience n'avait rien de péremptoirement concluant.

Il faudra trouver un autre dynanomètre, disait Ventajou, qui avait de la littérature scientifique et de l'imagination.

IV

Et ce qu'il trouva n'était pas pour faire regretter le génie trop vanté de Blaise Pascal : une intervenvention d'une admirable simplicité. Deux tas égaux de menu blé seraient dressés chacun dans un plat, et les deux plats seraient posés à terre. Deux chaises d'égale hauteur et toutes les deux percées, placées au-dessus, permettraient de mettre les deux bouches d'artillerie juste à la même distance du sommet de chacun des tas. Une! Deux! Trois! Celui des deux canons qui disperserait le plus de grains devrait certainement être préféré par la Commission militaire et sa poudre réputée supérieure à celle de l'autre. C'était solennel, incontestable comme résultat, absolument idoine à trancher le différend.

Vous les voyez ainsi l'un et l'autre, marquise, à peu de distance l'un de l'autre, dans le recueillement qui précède toujours, à l'heure des batailles, l'envoi du premier obus. Les deux mortiers étaient, il est vrai, de dimensions inégales. Celui de Dame Cornesec en eut fait trois comme celui du pauvre Ventajou, un engin formidable comme on en construit, dans les arsenaux de l'État, pour la défense des ports. Mais il ne faut pas juger des gens par l'apparence, et le rossignol, qui est un tout petit oiseau, a la voix plus sonore que le pigeon, qui est un monstre à côté.

— Boum! — Boum!

Les deux détonations égales ne permettaient de prévoir aucun résultat entre les deux pièces rivales.

On dut compter les grains demeurant dans chaque plat où la rafale s'était abattue.

— Sept! s'écria triomphalement Ventajou.

Vous avez perdu! lui répondit madame Cornesec, deux seulement dans le mien.

Ventajou humilié, sans proférer une parole, se coucha et ce fut en vain, qu'à plusieurs reprises, durant la nuit qui suivit, dame Cornesec le pinça doucement pour l'inciter à quelque diversion amoureuse, dont elle eût eu son profit, car elle était bonne paillarde de son corps et très friande des menus suffraiges dont nous avons coutume d'honorer pratiquement la beauté.

Toujours muet et visiblement embêté de son échec, le boulanger, après avoir fait sa besogne, prit son fusil et s'en fut au dehors pour tenter d'assassiner quelque menu gibier. Un godelureau du pays, le vicomte de Coursensac, qui s'en allait aussi à la chasse, un magnifique Lefaucheux sous le bras, le plaisanta sur sa carabine. — Parions, lui dit Ventajou, de plus en plus vexé, qu'à la première volée de perdreaux qui passe, j'en abats plus que vous, mon gentilhomme ? — Parions ! mon brave, fit le sieur de Coursensac, qui n'était pas fier avec les petits. Il y avait grande abondance de volatiles sauvages dans la région. Aussi, les deux termes du pari ne tardèrent-ils pas à être à la disposition des concurrents. Ventajou abattit deux perdreaux dans sa volée, et M. de Coursensac quatre. Plus furieux encore, Ventajou rentra-t-il chez lui. Madame Cornesec pensait encore à sa victoire de la veille au soir, et le boulanger était absorbé par son échec plus récent du lendemain matin. Ils ne pouvaient donc s'adresser la parole sans parler l'un d'une chose et l'autre d'une autre.

Ventajou rompit le premier le silence, en disant, en haussant les épaules :

— Parbleu ! avec un fusil à deux coups.

— Malhonnête ! s'écria madame Cornesec, en lui envoyant un soufflet.

A LA CAMPAGNE

A LA CAMPAGNE

I

Une admirable personne vraiment que cette Comtesse Marguerite des Andives; un Rubens détaché du cadre, un poème de chair blanche et rose sous le soleil d'une adorable chevelure blonde; non pas une de ces idéales beautés vers qui montent les respects des timides, comme une fumée d'encens, mais la splendeur vivante qui fait mordre au cœur les racines crispées du désir comme une serre d'oiseau de proie; l'épanouissement d'une robuste jeunesse toute fleurie de mansuétude; ce qu'on pouvait enfin rêver de plus charmeur et de plus attirant. Même aux moelles déshonorées des muets du sérail elle eût fait passer un frisson posthume. Celui-là se pouvait dire plus mort que les morts qui, sans un grand frémissement de tout son être, eût contemplé le nid à baisers qu'un invisible alcyon avait posé au golfe de ses seins pareils à deux vagues nacrées, et la rondeur, attirante aux étreintes, de ses hanches dont une lumière d'ambre dessinait le voluptueux contour, et son beau ventre poli comme une agate doucement égratignée au milieu.

N'allez pas croire, au moins, que la Comtesse Marguerite se montrât toute nue, comme les antiques Déesses et les Nymphes, immortel honneur des bois sacrés. Hélas! non! nous ne sommes plus au temps de ces impudeurs glorieuses. Elle était correctement mise, très correctement même, suivant les modes bégueules de ce temps. Mais les fervents de la Femme la savent bien déshabiller dans leur esprit et deviner, sous le mensonge des étoffes, la réalité savoureuse des formes et c'est même, dans le monde, l'occupation de tous les honnêtes gens. Ainsi l'éternel objet de nos délices et de nos tortures ne perd-il rien des hommages dus à la diversité, sans cesse renaissante, de ses charmes et cette continuelle indiscrétion de notre désir ne respecte-t-elle rien de ce qu'on lui veut cacher.

Ah! le malheureux Edgar de Humevessière était terriblement épris de la belle châtelaine et était-il le premier parmi ceux qui ne la pouvaient voir passer, même de loin, sans subir le despotique pouvoir qui était en elle, fait, tout à la fois, des doubles attirances du sourire et du regard; et aussi de je ne sais quelle mystérieuse effluve dont elle vous enveloppait comme d'un parfum et qui n'avait rien d'ailleurs de celui d'une Rose mystique. Les sens les plus subtils s'éveillaient, en lui, sous cette impalpable caresse, comme les bourdons frémissants sous le premier soleil d'Avril.

Mais il y avait deux raisons pour qu'il en fût pour cet inutile émoi et pour cette révolte sans victoire. Bien qu'agréable de sa personne, M. de Humevessière était atteint d'un embonpoint exclusif de toute poésie, au dire des gens maigres, du moins. Et puis la Comtesse était mariée et fidèle à son mari.

II

Un bien embêtant animal cependant que ce Comte Gontran des Andives et pour le malheureux Humevessière surtout dont il ne pouvait se passer un seul instant, comme ont coutume les maris avec ceux qui aiment leur femme. Ainsi ai-je dit déjà et répéterai-je que le choix d'un cocu plaisant est autrement sérieux que celui d'une aimable maîtresse, pour ce qu'il est bien plus de compagnie, avec celui-ci, qu'avec celle-là qu'on ne voit qu'aux heures dérobées, tandis que l'époux abuse de la longueur tout entière du jour. Et cela est vrai des cocus platoniques comme des autres, avec cette aggravation que ce fâcheux état est sans compensation pour l'amant qui se contente de soupirer.

— Où est Edgar? — Appelez Edgar!... — Ah ça, Edgar n'est donc jamais là!...

On n'entendait que cela dans le château, un moderne, coquet et insupportable de lignes, joli château bien tenu mais sans caractère, n'ayant rien de ces rudes gentilhommières où le bruit des cailloux, jetés par amusement, meurt au fond des oubliettes. Ce qu'on s'ennuyait là en été! Le Comte avait tous les goûts qui rendent la vie insupportable aux autres, et connaissait tous les jeux dont vous assomment les maîtres de maison. Mais de toutes ses victimes, la plus lamentable était certainement le malheureux Humevessière qui le devait suivre dans tous ses caprices, aider dans toutes ses fantaisies et qu'un amour sans espérance cependant, condamnait à la société de ce fâcheux hobereau. A la chasse, à la pêche, au croquet que ce doux Edgar haïssait particulièrement, il fallait qu'il lui fît escorte et il n'était lieu secret où il ne fût contraint de l'accompagner, ce qui l'exposait, lui antimélomane! à de véhémentes musiques dont il était assourdi. Le diable soit, mes enfants, des détestables symphonies!

— Je vais faire un tour jusqu'au petit bois, fit timidement un jour ce navrant supplicié.

— Impossible! lui répondit son bourreau. Je vais prendre un bain tout à l'heure.

— Eh bien?

— Eh bien, tu n'as pas l'intention de me laisser seul dans une baignoire? Tu t'assoiras auprès de moi et nous causerons comme si nous étions assis, plus heureux que Phèdre, à l'ombre des forêts.

Edgar baissa timidement la tête.

— Le bain de Monsieur le Comte est prêt, vint dire un laquais.

— Allons! fit le seigneur du village en passant affectueusement son bras sous celui de son ami.

III

M. le Comte faisait bourgeoisement le triton dans sa cuvette de zinc et Edgar, à la fin révolté, cherchait quelque chose de désagréable à lui dire. Il crut avoir trouvé :

— Sais-tu, Gontran, que tu es aussi gros que moi?

— Par exemple! fit le Comte en éclatant de rire.

— J'en sais bien parbleu quelque chose puisque tu viens de me faire l'honneur de te déshabiller devant moi. Ta bedaine n'a rien vraiment à reprocher à la mienne.

— Parions que si!

— Parions que non! nous nous pèserons tout à l'heure.

Mais Gontran, après un moment de réflexion :

— Se peser ne signifie rien. La densité des os et des chairs, distincte de leur volume et indépendante, n'est pas la même chez tout le monde! J'ai trouvé mieux que cela : une application nouvelle du principe d'Archimède.

— Quoi donc?

— Regarde où l'eau affleure dans cette baignoire, quand j'y suis plongé tout entier jusqu'au menton... Tu vas ôter tes vêtements et y descendre après moi...

— Jamais!

— Es-tu donc dégoûté de ton vieux camarade? Tu y descendras, te dis-je, et, te plongeant, toi aussi, jusqu'au ras de la nuque, je jure que tu la feras déborder.

— Nous verrons bien! fit Edgar qui n'avait plus d'autre ressource qu'une mâle attitude.

Et il dut prendre la place de son hôte dans le pacifique océan dont un bouchon de liège était le seul navire. Miracle! Dans les conditions du défi, l'eau venait juste au ras du bord du récipient sans que cependant une seule goutte tombât à terre.

— J'ai gagné!

— Tu as perdu!

Le Comte attendit un instant, rasant du regard les luisants extérieurs du métal espérant toujours qu'un imperceptible mouvement ferait descendre, le long de la baignoire, une imperceptible rigole.

Tout à coup, il sonna:

— Faites venir Madame, fit-il au domestique venu à son appel.

IV

— Jamais! jamais! s'écria le malheureux Edgar. Ce serait indécent et ridicule.

— Indécent? non. Cette eau de son est sans transparence aucune et t'enveloppe comme un burnous de laine. Ridicule? en quoi? Aimerais-tu mieux que ma femme crût que tu ne te baignes jamais?

— Mais enfin, pourquoi?

— Pour deux raisons. Nous avons besoin d'un juge intègre pour décider entre nous et puis j'ai une superstition. Ma femme est certainement un fétiche pour moi, puisque je gagne au jeu dès qu'elle est là. Tu vas voir!

Et la Comtesse Marguerite entrait, rayonnante dans la rapide auréole de la porte s'entr'ouvrant sur un grand soleil, merveilleuse du charme sensuel que j'ai dit plus haut, avec je ne sais quel arome pénétrant qui se dégageait de sa personne et grisait comme une haleine de foin dans le vent du soir.

— Tiens! tiens! fit triomphalement le Comte.

Et, en effet, l'eau commençait de déborder, faisant couler, sur le gris terne du zinc, de minces filets d'argent,

Mais Edgar humilié, l'entendait à peine, tandis que la Comtesse étouffait un éclat de rire sous son mouchoir de fine batiste.

... Comme je contais cette aventure à un de mes

camarades d'École Polytechnique, qui est un grand savant :

— Cela ne m'étonne pas, fit-il. J'avais pensé depuis longtemps que les flux et les reflux de la mer, coïncidant avec les approches et les départs de la Lune, avaient pour cause l'émotion de quelque monstre englouti sous les abîmes et amoureux de la chaste Phébé. Je soumettrai cette hypothèse à l'Institut où il y a pas mal de vieux qui aiment à rire.

FIN

L'accident de M. B***.	243
Prose de Pâques	253
Reconnaissance	265
Blagues	275
Lune de mai	285
Le remords	295
Le chapelet	305
Zéphyrana	315
A la campagne	325

ÉMILE COLIN. — IMPRIMERIE DE LAGNY.

TABLE

Les hommes d'armes 3
L'anti-nounou Mac Uloth. 15
Jack. 27
L'accent grave 41
Hyménée 51
Fantaisie polaire 61
Fête galante 71
Tout pour le mieux. 81
Sur la terrasse. 91
Lucrèce 101
Conte persan. 113
Horribles détails. 125
Joseph. 135
La saucisse toulousaine 147
Fantaisie antique 159
Petite Suisse. 171
Le faux nez 181
Fantaisie turque. 193
Amours polaires 205
La Saint-Antoine. 219
Innocence 231

www.ingramcontent.com/pod-product-compliance
Lightning Source LLC
Chambersburg PA
CBHW060514170426
43199CB00011B/1441